T0207896

essentials

essentials liefern aktuelles Wissen in konzentrierter Form. Die Essenz dessen, worauf es als „State-of-the-Art" in der gegenwärtigen Fachdiskussion oder in der Praxis ankommt. *essentials* informieren schnell, unkompliziert und verständlich

- als Einführung in ein aktuelles Thema aus Ihrem Fachgebiet
- als Einstieg in ein für Sie noch unbekanntes Themenfeld
- als Einblick, um zum Thema mitreden zu können

Die Bücher in elektronischer und gedruckter Form bringen das Fachwissen von Springerautor*innen kompakt zur Darstellung. Sie sind besonders für die Nutzung als eBook auf Tablet-PCs, eBook-Readern und Smartphones geeignet. *essentials* sind Wissensbausteine aus den Wirtschafts-, Sozial- und Geisteswissenschaften, aus Technik und Naturwissenschaften sowie aus Medizin, Psychologie und Gesundheitsberufen. Von renommierten Autor*innen aller Springer-Verlagsmarken.

Weitere Bände in der Reihe http://www.springer.com/series/13088

Uwe Seebacher

Assets-as-Service

Service statt Produkte – so gelingt
der Einstieg in die Service-Economy

 Springer Gabler

Uwe Seebacher
Graz, Österreich

ISSN 2197-6708   ISSN 2197-6716 (electronic)
essentials
ISBN 978-3-658-34681-2   ISBN 978-3-658-34682-9 (eBook)
https://doi.org/10.1007/978-3-658-34682-9

Die Deutsche Nationalbibliothek verzeichnet diese Publikation in der Deutschen Nationalbibliografie; detaillierte bibliografische Daten sind im Internet über http://dnb.d-nb.de abrufbar.

Planung/Lektorat: Rolf-Günther Hobbeling
Springer Gabler ist ein Imprint der eingetragenen Gesellschaft Springer Fachmedien Wiesbaden GmbH und ist ein Teil von Springer Nature.
Die Anschrift der Gesellschaft ist: Abraham-Lincoln-Str. 46, 65189 Wiesbaden, Germany

Was Sie in diesem *essential* finden können

- Eine Einführung in die aktuelle Situation und die Bedeutung von Assets-as-Service (AAS) Geschäftsmodellen
- Verschiedene kurze Definitionen der relevanten Begriffe im Kontext von AAS
- Ein Instrument zur Statusanalyse zu AAS in einer Organisation
- Ein Vorgehensmodell zur Ausrichtung einer Organisation auf AAS
- Den Quick Check für das Self-Assessment zur Ermittlung der eigenen AAS-Readiness
- Eine kurze Darstellung von verschiedenen Vorlagen und Instrumente, die im Zusammenhang mit dem Aufbau von AAS erprobt und relevant sind
- Ein Ausblick zur weiteren Entwicklung von AAS
- Viele weiterführende Links zu Artikel und Quellen zur Vertiefung der Inhalte in diesem *essential*

Vorwort

Wie so oft im Leben, erscheint uns vieles im Leben revolutionär und neu, was sich aber bei genauerem Hinsehen als eigentlich logische Weiterentwicklung entpuppt. Auch im Kontext von Assets-as-Service (AAS) ist dies der Fall. Bereits 1962 ließ sich in diesem Umfeld das Unternehmen *Rolls-Royce* den Begriff „Power by the Hour" schützen, der sich damals auf den Verkauf eines Triebswerkes basierend auf seiner Leistung, bezogen hatte. *Philips* schuf „Pay-per-Lux" im Jahr 2015 und *Bosch Siemens Hausgeräte* bietet Wohnungsunternehmen Kältetechnik als Service an, um die Gesamtbetriebskosten zu senken und gleichzeitig den ökologischen Fußabdruck zu minimieren. Dies ist an dieser Stelle vielleicht nicht das, was Sie jetzt erwartet hatten, aber in diesem Buch wird aufgezeigt, dass das vermeintlich disruptive Neu-Denken des ökonomischen Handelns im B2B-Bereich defacto nur eine logische Konsequenz der Entwicklungen der letzten Jahrzehnte ist. *Gartner* geht sogar davon aus, dass bis zum Jahr 2025 die Hälfte aller kommerziellen oder industriellen OEMs IoT-verbundene Produkte über ergebnisbasierte Service-verträge anbieten werden. Vor einigen Jahren lag diese Schätzung noch bei 25 % für das Jahr 2023.

Allerdings sind die entsprechenden Entwicklungen umso dramatischer, wenn diese nicht im entsprechenden Zusammenhang verstanden und analysiert werden. Denn dies führt dazu, dass nicht rechtzeitig die entsprechenden Maßnahmen in den jeweiligen Organisationen initiiert werden, um sich – im Sinne der Kenntnisse der Organisationsetymologie – auf das sich ändernde industrielle Umfeld einzustellen. Dabei geht es vor allem darum, den Fokus nicht zu verlieren. Die Gefahr besteht – was erste wissenschaftliche Studien im Bereich von AAS bereits aufzeigen –, dass fehlendes Wissen aber auch Resilienz des Managements in Bezug auf erforderliche Veränderungsbedarfe dazu führt, die Situation falsch beziehungsweise unnötigerweise als zu komplex einzuschätzen.

Die Ergebnisse jener Studien aber auch das zögerliche und nicht ausreichend dynamische und souveräne Vorgehen vieler aktueller Marktteilnehmer hat den Ausschlag gegeben, dieses Buch zu realisieren. Es ist das Ziel, dieses vermeintlich komplexe und disruptive Thema zu entzaubern, um auf diese Weise dazu beitragen zu können, dass Organisationen auf den bereits sich in rasanter Fahrt befindenden Zug dieses völlig neuen industriellen Handelns aufspringen zu können.

Dabei geht es mir vor allem darum, den so wichtigen *Hidden Champions* im brillanten Mittelstand aufzuzeigen, wie wichtig aber auch einfach es ist, von AAS zu profitieren. Denn AAS stellt für mich auf Basis meiner bisherigen Erfahrungen und Projekte in diesem Kontext auch einen wesentlichen Bestandteil eines neuen industriellen Bewusstseins dar, das uns befähigen muss, im Rahmen unserer völkerübergreifenden Verantwortung das immer latentere *Wachstumsparadoxon* im Kontext des *New Green Deal* von Jeremy Rifkin (2019) und einer *Remocal Economy* (Seebacher 2020) zu lösen. Dieses Wachstumsparadoxon resultiert aus dem Umstand, dass wir es einerseits mit einer rasant wachsenden Weltbevölkerung zu tun haben, deren zunehmenden Bedarfe nach mehr Nahrung, Wasser in aller unterschiedlicher Formen bis hin zu Gesundheits- und Sanitätsbedarfen aber durch die andererseits immer mehr schwächelnden Volkswirtschaften nicht mehr bedient werden können. Es fehlt das Geld. Verschlimmert wird diese Situation durch den sich vollziehenden Klimawandel. Dieser führt dazu, dass das so wichtige und lebenswichtige Wasser immer seltener am richtigen Ort in der richtigen Menge vorhanden ist, sondern durch immer mehr schwere Unwetter Dürre, Hitze und Überschwemmungen das Leiden der Ärmsten noch verschlimmert.

Irgendwie muss aber dennoch alles einen tieferen Sinn haben und man muss die Gunst der Stunde nutzen. Mit Assets-as-Service (AAS) haben wir vielleicht ein auf den ersten Blick erschreckendes wirtschaftliches Konstrukt in der Hand, mit dem wir aber eventuell auf lange Sicht nachhaltig dieses sich verschlimmernde Wachstumsparadoxon als Teil unserer völkerverbindenden Verantwortung zum Nutzen aller lösen können. Ein solches Buch kann die Probleme diese Welt nicht lösen, kann aber vielleicht einen kleinen Beitrag liefern im Sinne der Aufklärung und Wissensvermittlung in Bezug auf die sich bietenden Chancen und Potenziale.

Dieses Buch beschreibt daher den einfachen Weg hin in Richtung einer auf Service ausgerichteten AAS-Industrie und all den vielen Vorteilen in Bezug auf Cashflow-Optimierung aber auch Effizienzsteigerung, Risikominimierung, Kostenoptimierung bis hin zu einem nachhaltigeren Umgang mit gesamten Infrastrukturen auf. Das faszinierende von Assets-as-Service ist nämlich, dass bei stringenter und richtiger Anwendung beziehungsweise Umsetzung dieses neuen Geschäftsmodells für alle Beteiligten eine nachhaltige Win-Win-Situation entsteht.

Im zweiten Teil des Buches werden die relevanten Begriffe im Kontext dieser neuen Industriebewegung beschrieben. Im dritten Abschnitt wird das Vorgehensmodell hin zu AAS kurz und prägnant dargestellt, um einen einfachen und pragmatischen Start zu ermöglichen. Im vierten und letzten Teil wird das Selbst Testverfahren zu AAS dargestellt. Mithilfe des einfachen Selbst-Testverfahrens zu AAS kann man vor Beginn der Aktivitäten die Ausgangssituation evaluieren und darauf aufbauend erste Maßnahmen unter bestmöglicher Nutzung der bereits in der jeweiligen Organisation vorhandenen Dinge initiieren. Ich wünsche Ihnen viel Erfolg auf dieser faszinierenden Reise hin zu Assets-as-Service. Ich bin überzeugt, dass Sie bereits nach kurzer Zeit von den sich erschließenden Möglichkeiten ebenso fasziniert sein werden, wie ich es seit Jahren bereits bin.

April 2021   Uwe Seebacher

Inhaltsverzeichnis

Über den Autor

Prof. h.c. Dr. Uwe Seebacher (MBA), promovierter Volks- und Betriebswirt, verfügt über mehr als 25 Jahre Erfahrung als Berater, Führungskraft aber auch Unternehmer im Bereich der Medien-, Produktions- und Dienstleistungsindustrie mit internationalen Erfolgen in strategischem und operativem Marketing und Kommunikation sowie in der Prozessoptimierung, der Digitalisierung, im Personalmanagement und der Organisationsentwicklung.

Er ist Dozent an vielen renommierten Business Schools und Universitäten und hat Artikel und Bücher in vielen führenden Verlagshäusern verfasst, wie z. B. „Predictive Intelligence für Manager" (Springer 2021), „Praxishandbuch B2B Marketing" (Springer 2021), „Marketing Resource Management" (AQPS 2021), „Leadership Development" (Linde 2006) oder „Template-based Management" (Springer 2020).

Für seine innovativen Marketingkonzepte und -initiativen, z. B. mit der Allianz, der Europäischen Union, der Wirtschaftskammer Österreich, Bayer Leverkusen oder BASF, erhielt er verschiedene Auszeichnungen, wie den Diskobolos Innovation Award

der Europäischen Handelskammer oder den Export-
preis 2016 der Wirtschaftskammer Österreich. Weitere Informationen finden sich auf https://www.uwe
seebacher.org.

Die Definition von Assets-as-Service (AAS)?

In diesem Kapitel wird der Begriff definiert und erläutert. Auf diese Weise soll ein gemeinsames Verständnis entwickelt werden, um eine klare Abgrenzung zu anderen, inhaltlich ähnlich ausgerichteten Begriffen aber auch Geschäftsmodellen schaffen zu können. Die verschiedenen Studien haben gezeigt, dass sich sowohl die begrifflichen als auch definitorischen Aspekte und Unschärfen nachteilig auf die Gesamtsituation auswirken.

1.1 Woher kommt AAS?

Das Wichtigste gleich vorweg: wir sprechen hier über nichts Neues. AAS ist die Fortsetzung der Entwicklungen, die wir seit Jahren im Bereich der Automobilindustrie aber auch im Bereich der Immobilien miterleben und auch alle akzeptiert haben. Der Umstand, dass der Großteil aller Firmenfahrzeuge nicht mehr gekauft, sondern finanziert wird, ist mehr als ein eindeutiger Beweis. Ein ähnliches Volumen betrifft sogenannte Geschäfts-Immobilien, die auch auf breiter Front mittlerweile zu hoch attraktiven Finanzprodukten geworden sind. Das, was also noch vor Jahren als verwerflich eingestuft wurde, nämlich sein Auto nicht zu kaufen, sondern zu leasen, ist mittlerweile heute breite, ökonomische und sinnvolle Praxis geworden.

Diese Entwicklung ist dem Umstand geschuldet, dass herkömmliche Formen von Vermögen immer unrentabler und nachteiliger werden im Sinne von Kosten, Problemen und Risiken. In einer Zeit von Negativ-Zinsen für Guthaben beziehungsweise Vermögen ist man zwangsläufig gezwungen im Rahmen von Investitionen auf neue Konzepte und Modelle zu setzen. Alles andere wäre defacto nachteilig für die eigene finanzielle Gebarung. Diese Entwicklung wird

U. Seebacher, *Assets-as-Service*, essentials, https://doi.org/10.1007/978-3-658-34682-9_1

Abb. 1.1 Übersicht zu strukturellen Entwicklungen von Segmenten (Seebacher, 2021)

auch anhand der Grafik (Abb. 1.1) in Bezug auf deren Entwicklungen im Laufe der letzten Jahrzehnte für die verschiedenen Geschäftsbereiche transparent und nachvollziehbar.

Ein wichtiger Treiber der Entwicklungen in Richtung einer Service-basierten Wirtschaft war und ist der IT-Sektor, im Speziellen der Software-Sektor. In den vergangenen Jahren haben immer mehr Anbieter auf sogenannte *Software-as-a-Service*-Modelle[1] umgestellt. Dies bedeutet, dass eine Software eben nicht mehr gekauft, sondern als Dienstleistung „gemietet" wird. Für den Anbieter hat dieses Modell den Vorteil, dass er sein Geschäft besser planen kann, weil der Kunde an das Unternehmen gebunden wird. Für den Käufer bietet das SaaS-Modell ebenso Vorteile, nämlich hinsichtlich Produkt-Support und -Updates, die SaaS-Kunden automatisch bereitgestellt und installiert bekommen. In Bezug auf all diese neuen *As-a-Service*-Geschäftsmodelle sind die Arbeiten von Shapiro und Varian (1998) in Bezug auf das von diesen beiden Wissenschaftern im Kontext der damaligen Verbreitung von *Enterprise-Resource-Planning*-(ERP) Lösungen eingeführte Phänomen des *Log-In-Syndroms* wegweisend. Dieses Phänomen attestiert, dass – trotz all der vielen verschiedenen Vorteile für alle Beteiligten – man als Käufer dennoch an den Verkäufer bzw. AAS-Anbieter gebunden ist und ein Wechsel einen

---

[1] https://de.wikipedia.org/wiki/Software_as_a_Service. Zugegriffen: 20. April 2021.

gewissen Aufwand mit sich bringt bzw. teilweise sogar völlig ausgeschlossen oder kurzfristig nicht möglich ist.

Assets-as-Service (AAS) basiert somit auf bereits bekannten und auf breiter Basis akzeptierten, ökonomischen Modellen und ist durch die Digitalisierung und Technologisierung im Rahmen des *Internet-of-Things* (IoT)[2] bzw. des *Internet-of-People* (IoP) beschleunigt worden. Denn durch IoT bzw. IoP können nunmehr Maschinen miteinander kommunizieren und interagieren. In diesem Kontext hat sich auch der Begriff des *Smart Service* bzw. des *Predictive Service* entwickelt. Auf all diese Begriffe wird im entsprechenden Abschnitt dieses Buches eingegangen, um diese präzise zu definieren.

1.2 Was ist AAS?

AAS steht für den Umstand, dass Anlagevermögen jeglicher Art und Größe – auch und gerade in finanzieller Hinsicht – nicht mehr gekauft wird. Das bedeutet, dass der Nutzer des Anlagevermögens ähnlich wie bei einem Mobil-Telefon eine laufende Nutzungsgebühr für das betreffende Anlagegut bezahlt. In diesem Zusammenhang kann diese laufende Gebühr unterschiedliche Zusatzleistungen beinhalten und auch auf Basis unterschiedlicher Parameter errechnet werden. Zum leichteren Verständnis muss der Begriff inhaltlich in drei verschiedene Betrachtungsweisen untergliedert werden:

- **AAS im engsten Sinn** definiert die Beschaffung eines beliebig ausgestatteten und beschaffenen Anlagegutes nicht durch die Bezahlung eines einmaligen Anschaffungs- bzw. Investitionsbetrages, sondern mittels vieler kleiner, über einen situativ definierten Zeitraum zu entrichtender gleichbleibender oder variabler Beträge.
- **AAS im weiteren Sinn** beschreibt das ökonomische Modell einer längerfristigen Beziehung zwischen Anlagenutzer und Anlageproduzenten, im Sinne der Realisierung von beidseitigen und vielschichtigen ökonomischen aber auch und vor allem ressourcentechnischen Vorteilen.
- **AAS im weitesten Sinn** ist ein nachhaltiger und paradigmatischer Veränderungsprozess, der vor Jahren begonnen hat und der sich nunmehr durch die

---

[2] https://de.wikipedia.org/wiki/Internet_der_Dinge#:~:text=Das%20Internet%20der%20Dinge%20(IdD,und%20sie%20durch%20Informations%2D%20und. Zugegriffen: 20. April 2021.

zunehmende Digitalisierung und Virtualisierung in immer mehr Lebens- und Wirtschaftsbereiche fortsetzt.

1.3   Worin besteht der Unterschied zu konventionellen Finanzierungsformen?

Auf den ersten Blick stellt AAS *im engsten Sinne* auf eine klassische Finanzierungsform für Anlagevermögen mit einer lediglich neuen Bezeichnung ab, also alter Wein in neuen Schläuchen. Allerdings sollte bei genauer Betrachtung der beiden anderen Begriffsdimensionen deutlich werden, dass es im Kontext von AAS nicht nur um die *Finanzierung* geht, sondern vielmehr um die damit verbundenen und erst durch AAS möglich werdenden wesentlich wichtigeren Leistungen. Es geht dabei um die Optimierung von wesentlichen ökonomischen Grundprinzipien (Seebacher, 2021) wie:

- Kostenminimierung bzw. Minimierung des Ressourceneinsatzes
- Risikominimierung
- Ertragsoptimierung

Stellen klassische Finanzierungsformen nicht auf die Optimierung der ökonomischen Grundprinzipien ab, so stellt dieser Faktor einen wesentlichen Aspekt von erfolgreichem AAS dar. Denn nur durch die nachhaltige Realisierung dieser Optimierung kann die so wichtige *Win–Win*-Situation für alle Beteiligten realisiert werden, im Gegensatz zu klassischen Finanzierungsformen, bei denen der einzige Gewinner letztenendes die Bank beziehungsweise das finanzierende Unternehmen ist. Dies erklärt auch, warum konventionelle Finanzierungsunternehmen versuchen in das Segment von AAS vor zu dringen, damit ihnen diese attraktiven „Profit-Felle" nicht entsprechend davon schwimmen, wie diese auch im Bereich des Automobilleasings der Fall gewesen ist. Erst kürzlich hat sich eine große Rückversicherung für ein enormes Investment durch die Übernahme eines AAS Anbieters in dieses neue, vielversprechende Marktsegment eingekauft. Allerdings ist für die erfolgreiche Umsetzung von AAS entsprechendes Anwendungs-, Produkt- und Industriewissen erforderlich. Wissen, das die konventionellen Finanzierungsunternehmen nicht in der ausreichenden Tiefe aktuell vorhalten können, woraus sich für entsprechende AAS Anbieter enorme Chancen eröffnen.

Die Unterscheidung von AAS in Bezug auf herkömmliche Finanzierungsformen stellt daher auf folgende exemplarische Leistungen ab, die im nachfolgenden Kapitel zum AAS Ökosystem erläutert werden:

- Remote Service
- Smart Service
- Predictive Maintenance
- Predictive Operations Management
- Remote Performance Management
- Interactive Risk Management
- Predictive Intelligence
- und vieles mehr

1.4 Wie funktioniert AAS?

Anhand der Abb. 1.2 wird das Zusammenspiel im Kontext von AAS dargestellt. Ungeachtet der Automatisierung des gesamten Prozesses kann man immer von folgenden drei Rollenmodellen bei AAS ausgehen:

- Der Produzent beziehungsweise Verkäufer von Anlagen beziehungsweise Maschinen.
- Der Nutzer beziehungsweise Käufer von Anlagen beziehungsweise Maschinen.
- Der AAS Anbieter und somit Mittler zwischen Produzenten und Nutzern.

Vor diesem Hintergrund lassen sich nunmehr drei Ausprägungen von AAS ableiten, die im Folgenden kurz erläutert werden und die sich aus der unterschiedlichen informationstechnischen Unterstützung des jeweiligen Modells ergeben.

1.4.1 Analoges AAS

Das analoge AAS läuft so ab, dass zwischen einem Produzenten und einem Nutzer einer Maschine bzw. Anlage grundsätzlich über eine Transaktion ein gemeinsames Verständnis entwickelt wird. Aus welchem Grund auch immer wird diese Transaktion nicht über ein konventionelles Verkaufsgeschäft abgewickelt, weshalb ein AAS Anbieter eingebunden wird.

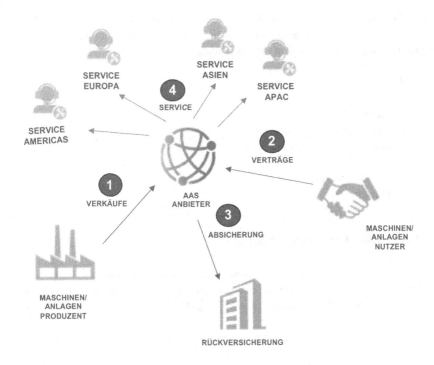

Abb. 1.2 Schematische Darstellung von AAS (Seebacher, 2020)

Auf Basis der ihm zur Verfügung gestellten Informationen zur Transaktion ermittelt der AAS Anbieter eine entsprechende monatliche AAS Gebühr. Diese richtet sich in den meisten Fällen nach Parametern wie unter anderem

- Investitionsvolumen
- Laufzeit bzw. Lebensdauer der betreffenden Anlage
- Industrie bzw. Anwendung
- Ort bzw. Region der Installation
- Zusätzlich vereinbarte Leistungen und Services

Sobald über die monatlichen Gebühren eine Übereinkunft getroffen wird, kann der Vertrag zwischen den Vertragspartnern geschlossen werden. Der Verkäufer erhält sofort vom AAS Anbieter den entsprechenden Kaufpreis, den der AAS

Anbieter entsprechend vorfinanzieren wird und natürlich risikotechnisch auch im eigenen Interesse absichern muss. Der Vorteil für den Käufer ist, dass er den Kaufpreis nicht bezahlen muss, sondern sich lediglich für den definierten Zeitraum verpflichtet, die entsprechende AAS Gebühr an den AAS Anbieter abzuführen.

Über weitere rechtliche Feinheiten in Bezug auf Eigentumsübergang und Besicherungen soll an dieser Stelle nicht näher eingegangen werden, da entsprechende Vereinbarungen bzw. Vertragsmuster von AAS Anbietern diesbezüglich auch unterschiedlich sein können. Entscheidend in Bezug auf das analoge AAS ist, dass keine wie auch immer IT-gestützte Abwicklung beziehungsweise Automatisierung stattfindet.

1.4.2 Halbautomatisiertes AAS

In Bezug auf diese zweite Variante ist der zugrundeliegende Prozess beziehungsweise Vorgang grundsätzlich gleich wie beim analogen AAS. Allerdings finden sich Verkäufer und Käufer über einen digitalen Marktplatz. Diesbezüglich gibt es wieder verschiedene Möglichkeiten.

Die einfachste Variante ist, dass der AAS Anbieter eine Webseite anbietet, auf der ein Käufer die entsprechende Maschine beziehungsweise die gesamte Spezifikation einer Anlage eingeben kann mit dem Ersuchen um ein entsprechendes AAS Angebot. Diese Variante wird als die geringst integrierte Variante definiert. Die nächste Stufe ist jene Variante, bei der der AAS Anbieter dem Verkäufer auf seiner Webpage die Möglichkeit bietet, seine entsprechenden Maschinen bzw. Anlagen inklusive aller Spezifikationen einzustellen und somit anzubieten. Der Verkäufer bzw. Hersteller von Anlagen und Maschinen stellt somit alle Produkte mit den entsprechenden Spezifikationen dem AAS Anbieter auf dessen Plattform zur Verfügung. Eine solche Plattform ist vergleichbar mit Amazon, aber eben für den B2B-Bereich. Anstelle von Konsumgütern werden auf einer AAS Plattform Industriegüter angeboten. Derzeit kann keiner der uns bekannten AAS Anbieter eine solche Technologie bzw. Plattform anbieten, weil das entsprechende Wissen bzw. die Erfahrung fehlt.

Der Käufer wählt in weiterer Folge auf der AAS-Plattform seiner Wahl online die gewünschten Maschinen bzw. den Maschinensatz aus. Online kann der Käufer somit im übertragenen Sinn sein Auto konfigurieren, nämlich das entsprechende erforderliche Equipment aussuchen, definieren und zu einer Produktionslinie oder gesamten Anlage zusammenstellen. Mit diesen Informationen kann dann der AAS Anbieter ein entsprechendes Angebot ausarbeiten, welches dann dem Käufer entsprechend übermittelt wird. Natürlich muss auch im Hintergrund der AAS

Anbieter mit dem Verkäufer in Bezug auf den finalen Verkaufspreis in Kontakt treten beziehungsweise wird bei dieser halbautomatisierten Variante von AAS der AAS Anbieter naturgemäß bereits entsprechende Rahmenverträge mit den auf seiner Plattform vertretenen Produzenten vordefiniert haben.

Wichtig ist, dass die Erstellung des AAS Angebotes nicht online, sondern offline beziehungsweise manuell durch den AAS Anbieter erfolgt. Dies ist auch der entscheidende Unterschied zur letzten und dritten Variante, nämlich dem vollautomatisierten AAS.

1.4.3 Vollautomatisiertes AAS

Im Rahmen des vollautomatisierten AAS erfolgt der gesamte Prozess interaktiv und online. Dies umfasst auch die interaktive Erstellung des entsprechenden Angebotes inklusive der monatlich zu leistenden AAS Gebühren für den Käufer. Bei dieser dritten Variante von AAS hat der entsprechende AAS Anbieter bereits ein durchgängiges System im Sinne eines durchgängigen Workflows informationstechnisch umgesetzt, sodass neben der grundlegenden Produktauswahl durch den Käufer online und interaktiv die monatlichen AAS Gebühren für verschiedene Service Levels (SLs)[3] sofort ermittelt und eingesehen werden. Auf Basis dieses Angebots wird der Vertrag geschlossen und der Käufer hat die benötigten Maschinen bestellt. Ein solches System kann mit gängigen Systemen im Bereich der Configure-Price-Quote-Lösungen (CPQ) verglichen werden. Die Herausforderung im Kontext von AAS und der automatisierten Angebotserstellung stellt allerdings die interaktive und multidimensionale Algorithmik im Sinne eines multi-dimensionalen Datenwürfels (MDW) dar, auf Basis dessen sich erst ein erforderlicher *AAS-Online-Configurator* (AOC) in Anlehnung an die Arbeiten und Ergebnisse von Seebacher (2020) bereitgestellt werden kann. Ein AOC ist auch die Basis für die Realisierung der letzten Stufe des im weiteren Verlauf dieses Buches beschriebenen AAS-Entwicklungsmodells, um dann auch den Bereich des *Smart Service*[4] durch eine globale *Additive Manufacturing Service Center* (AMSC) Struktur komplett in das AAS integrieren zu können mit einer weltweiten 48-h-Garantie zur Lieferung von erforderlichen Ersatzteilen. In der Abb. 1.2 sind diese AMSC links oben symbolisch dargestellt. Erst durch die AMSC wird eine vollständige Abbildung des gesamten Lebenszyklus von Kundenbedürfnissen bzw. Maschinen und Anlagen möglich.

---

[3] Der Begriff wird im Kapitel zum AAS-Ökosystem erläutert.

[4] Siehe hierzu den betreffenden Abschnitt im Kapitel zu den AAS Begrifflichkeiten.

Die Praxis hat gezeigt, dass dieser vollautomatisierte Prozess in Abhängigkeit der Größe des jeweiligen AAS Anbieters nach oben hin in Bezug auf das Transaktionsvolumen gedeckelt ist. Das bedeutet, dass ab einer gewissen Transaktionsgröße im Sinne des Risikomanagements jedenfalls noch einmal eine manuelle Prüfung intern durchgeführt wird, bevor ein Angebot verbindlich seitens des AAS Anbieters abgegeben wird. Dies ist dadurch bedingt, dass die AAS Anbieter sich natürlich absichern müssen, indem sie die Verträge entsprechend rückversichern bei externen Unternehmen.

1.5 Die Vorteile von AAS

Wie bereits eingangs erwähnt, bietet AAS für alle direkten und indirekten Beteiligten enorme Vorteile bei defacto, auf Basis der bisherigen Erfahrungen und Projekte, keinen Nachteilen. Sogar die Endkunden der Konsumgüter profitieren von AAS. Die Vorteile für die Endkunden lassen sich wie folgt zusammenfassen:

- Keine Verzögerungen bei der Lieferung des Endprodukts aufgrund reduzierter oder sogar eliminierter Ausfallzeiten bei Maschinen- bzw. Anlagennutzern.
- Noch höheres, besseres und konsistentes Qualitätsniveau des Endprodukts durch stets bestens gewartete Anlagen und Maschinen bei Maschinen- bzw. Anlagennutzern.

Die Vorteile für den Maschinen- bzw. Anlagennutzer lassen sich als solche zusammenfassen:

- Optimierter Cashflow und optimierte Bilanz aufgrund der Tatsache, dass die Maschinen bzw. Anlagen nicht auf einmal bezahlt oder finanziert werden müssen.
- Möglichkeit, die Produktionskapazität zeitgerechter und flexibler an die Marktnachfrage und -bedürfnisse anzupassen.
- Abhängig vom Grad der Servicevereinbarung mit dem AAS Anbieter im besten Fall 24/7-Überwachung und Fernüberwachung der gesamten Ausrüstung, was zu vollständigem Risikomanagement und zur Abdeckung in Bezug auf die gesamte Maschine führt, auch aber planbare Serviceintervalle auf der Grundlage eines intelligenten und vorausschauenden Service ermöglicht, was zu geringeren Kosten für Service und Austausch führt auch und gerade unter dem Aspekt der Nachhaltigkeit und des ökologischen Fußabdrucks.

- Kontinuierlich bestmögliche und optimierte Anlageneffizienz und -leistung auf der Grundlage interaktiver, umfangreicher Datenerfassung durch den AAS Anbieter und damit verbundener Clusteranalyse und Abweichungsauswertung, die dazu führt, dass relevante Anlagenparameter nicht nur für bestimmte Maschinen, sondern für die gesamte Wertschöpfungskette der Anlage angepasst werden können, um stets den besten Output des Produktionsprozesses zu erzielen; dadurch wird der Energieverbrauch gesenkt und die Lebensdauer der eingesetzten Maschinen verlängert, wiederum im Sinne der Nachhaltigkeit und des ökologischen Fußabdrucks.

Und nicht zuletzt sollen die Vorteile für den Maschinen- und Anlagenbauer dargestellt werden:

- Der Maschinen- und Anlagenbauer kann den Umsatz auch in schwierigen Zeiten sichern bzw. steigern, da er vom AAS Anbieter sofort den kompletten Kaufpreis erhält und sich daher für den Maschinen- und Anlagenbauer nichts ändert im Vergleich zu herkömmlichen Verkäufen.

Aber auch für den AAS Anbieter ergeben sich enorme Vorteile, neben dem mehr als attraktiven und fast unbegrenzten Wachstumspotenzial:

- Der AAS Anbieter erhält im Rahmen der Garantievereinbarungen rund um die Uhr Zugang zu den Geräten und Daten des Maschinennutzers, was es diesem wiederum ermöglicht, anhand der Daten kontinuierlich an der Optimierung und Weiterentwicklung der Geräte zu arbeiten.
- Der AAS Anbieter verwandelt sich in einen Partner, anstatt eines reinen Finanzdienstleisters für Maschinen, was dazu beiträgt, Vertrauen und eine langfristige Kundenbeziehung zu schaffen, was sich auch positiv auf das Kundenerlebnis[5] und die Kundentreue auswirkt.

Insgesamt ist dieses gesamte AAS Modell ein großer Gewinn für alle beteiligten Akteure. Aber es erfordert ein vertieftes Wissen über die spezifischen Maschinen und die verschiedenen Anwendungsbereiche. Denn es ist entscheidend, dass sich das AAS Modell auch und vor allem im Bereich des *After Sales* bzw. *Service* und *Rehab-Business* jedenfalls verankert, indem auf globaler Basis die Verfügbarkeit der erforderlichen und spezifischen Dienstleistungen zur Unterstützung

---

[5] Halb, F.; Seebacher, U.: "User Experience und Touchpoint-Management", in: Seebacher, U.: "B2B-Marketing – Ein Leitfaden vom Klassenzimmer zum Sitzungssaal", Springer, 2020

der AAS Kunden sichergestellt werden, um den ökologischen Fußabdruck entlang der gesamten industriellen Wertschöpfungskette hinsichtlich Anlageneffizienz und -sicherheit zu optimieren.

1.6 (Daten)Technische Integration als Erfolgsfaktor von AAS

Ungeachtet all der vielen verschiedenen Vorteile für die verschiedenen Interessensgruppen im Rahmen von AAS ist der alles entscheidende Erfolgsfaktor der (daten)technische Integrationsgrad zwischen dem Nutzer der Anlagen beziehungsweise Maschinen und dem AAS Anbieter. Denn der entscheidende Mehrwert von AAS liegt nicht in der Finanzierung von Anlagen, sondern in der nachhaltig ausgerichteten Integration und Kommunikation der Maschinen, um dadurch im Kontext von *Big Data, Maschinellem Lernen* und der *Predictive Intelligence* (Seebacher, 2021) wichtige Produktionsdaten einerseits sammeln aber und vor allem auch großflächig zum Nutzen aller Beteiligten auswerten, interpretieren und evaluieren zu können. Denn erst dadurch kann der

- Ressourcen- und Energieeinsatz optimiert,
- das Anlagenrisiko minimiert und
- die Lebensdauer der so wichtigen Infrastrukturen im Sinne der Nachhaltigkeit maximiert werden.

1.7 Unwissenheit führt zu fatalem Irrglauben

In allen aktuellen Studien zu AAS zeichnet sich ein ähnliches Bild, wonach jene, die am meisten von AAS profitieren könnten es aus Unwissenheit verabsäumen, sich fit zu machen für diese so positive Entwicklung. Der größte Irrglaube besteht darin, dass das Teilen von Daten zu Maschinen womöglich entscheidende Produktionsgeheimnisse offenlegen würde. Die Nutzer von Maschinen und Anlagen glauben, durch AAS den entscheidenden Wettbewerbsvorteil Preis zu geben. Tatsache ist aber, dass es um keine unternehmensspezifischen oder prozessspezifischen und somit schützenswerte Daten und Informationen geht, sondern um Leistungsdaten und generische Prozessdaten, anhand derer es wiederum möglich ist, die Leistungsfähigkeit von Maschinen und Produktionsprozessen zu kontrollieren und zu optimieren.

Ein weiterer Irrglaube besteht darin, dass man befürchtet durch das Anbinden von Maschinen an externe AAS Anbieter in Bezug auf die eigene Daten- und Netzwerksicherheit Schaden zu nehmen. Dieser Meinung liegt der Umstand zugrunde, dass viele Entscheider glauben, dass man in einer eigenen Cloud im Sinne des Unternehmensnetzwerkes geschützter ist im Vergleich zu einer professionell aufgesetzten und angebundenen Daten-Cloud eines entsprechenden Dienstleisters. Unzählige Studien belegen allerdings genau das Gegenteil, was ja auch mit ein Grund dafür ist, warum immer mehr Unternehmen auf entsprechend professionelle Cloud-Lösungen wechseln.

Viele weitere Ängste werden in den verschiedenen Studien angeführt, die aber alle auf das nachvollziehbare, aktuell noch nicht vorhandene entsprechende Detailwissen zurückzuführen sind. Auch dieser Umstand war mitausschlaggebend dafür, dieses Buch zu realisieren, um hier wissensbildend und wissensvermittelnd proaktiv unterstützen zu können, denn die Chancen und Potenziale sind einfach enorm und müssen unbedingt genutzt werden.

Weiterführende Literatur

Halb, F., & Seebacher, U. (2020). User experience und touchpoint-management. In U. Seebacher (Hrsg.), *Praxishandbuch B2B-Marketing: Neueste Konzepte, Strategien und Technologien sowie praxiserprobte Vorgehensmodelle – mit 11 Fallstudien*. Springer.

Seebacher, U. (2020). *Template-based Management. Ein Leitfaden für eine effiziente und wirkungsvolle berufliche Praxis*. AQPS Inc.

Seebacher, U. (2021). *Predictive Intelligence. Der einfache Weg zur datengetriebenen Unternehmensführung – mit Self-Assessment, Vorgehensmodell und Fallstudien*. Springer.

Seebacher, U., & Garritz, J. (2021). *Data-driven management. A primer for modern corporate decision making*. AQPS Inc.

Shapiro, C., & Varian, H. R. (1998). *Information rules*. Harvard Business School Press.

Das begriffliche Ökosystem von AAS

2

In diesem Abschnitt werden die wichtigsten Ausdrücke im Umfeld von AAS angeführt und einfach beschrieben. Der Themenbereich ist einer anspruchsvollen Dynamik ausgesetzt, weshalb dieser Überblick als Momentaufnahme erachtet werden muss. Es wird der Versuch unternommen, auf per se etablierte und weitläufige, im Einsatz befindliche Ausdrücke zu fokussieren. Im Kapitel werden mitunter englische und deutsche Begriffe verwendet. Diese Auswahl wurde in Bezug zur Nutzungshäufigkeit der Ausdrücke getätigt, um dem Leser den jeweils gebräuchlicheren Begriff in dieser Auflistung auszuweisen.

2.1 Artificial Intelligence (AI)

Artifizielle oder genauso Künstliche Intelligenz (KI), entstand im Bereich der Informatik und ist demzufolge ebenfalls ein Teilgebiet der Informatik. AI befasst sich mit der Automatisierung von intelligentem Verhalten und dem Lernen von Maschinen, dem maschinellen Lernen, wie dies in weiterer Folge noch definiert wird. Eine exakte Abgrenzung bzw. Definition des Begriffes würde als Basis eine genaue Definition von „Intelligenz" erfordern, die es allerdings bis heute nicht gibt.

Neuronale Netze kann man als Vorreiter von heutiger KI bezeichnen, da jene das philanthropische Gehirn nachbauen und im Rechner abbilden, um die Funktionsweise des menschlichen Gehirns nachzubauen. Die immer rasantere Entwicklung hinsichtlich der Leistungsfähigkeit von PCs ermöglicht, dass derartige künstlichen Netze fortlaufend leistungsfähiger werden und eine dem Gehirn ähnliche Lernfähigkeit erreichen. Wenn künstliche Intelligenz die humane Intelligenz übertrifft, ist der Zustand der Technologischen Singularität erreicht.

U. Seebacher, *Assets-as-Service*, essentials,
https://doi.org/10.1007/978-3-658-34682-9_2

In Bezug auf AAS wird die Kategorie der KI eine zunehmend wichtigere Rolle spielen. Nur mithilfe der Einbindung von KI kann AAS die generierten Daten der Anlagen oder Maschinen auswerten, interpretieren aber vor allem auch in Bezug auf Vorhersagen von Ausfällen, Ineffizienzen oder Schäden extrapolieren.

2.2 Artificial Neural Network (ANN) oder Künstliche neuronale Netze (KNN)

Künstliche neuronale Netze (KNN) sind Netze aus künstlichen Neuronen. Sie sind Forschungsgegenstand der Neuroinformatik und stellen einen Zweig der künstlichen Intelligenz dar. KNN gewinnen bezüglich AAS fortlaufend mehr an Bedeutung, da sie immer präziser Vorhersagen treffen können. KNN werden auch im Bereich des Neuromarketings und der Predictive Touchpoint Intelligence (PTI) und der darauf aufbauenden PTI-basierten Echtzeitoptimierung verwendet.

2.3 Big Data

Dieser Begriff stammt aus der englischen Welt und bezieht sich im Großen und Ganzen auf Daten, die zu groß, zu komplex, zu schnell oder zu schwach sind, um mit manuellen und konventionellen Datenverarbeitungsmethoden ausgewertet zu werden (Christl, 2014). Im engeren Sinne bezieht sich Big Data auf die Verarbeitung großer, komplexer und sich schnell ändernder Datenmengen. Im engsten Sinne bezieht sich der Begriff auf einen genau definierten Datentyp, und „groß" bezieht sich auf folgende vier Dimensionen

- *volume* (Umfang, Datenvolumen)
- *velocity* (Geschwindigkeit, mit der die Datenmengen generiert und transferiert werden)
- *variety* (Bandbreite der Datentypen und -quellen)
- veracity (Echtheit von Daten)

2.4 Business Analyse vs. Business Analytik

Basierend auf der Ähnlichkeit von Begriffen wie Business Analyse und Business Analytik wird es klar und nachvollziehbar, die Wichtigkeit und Bedeutung verwandter und verwendeter technischer Begriffe zu definieren. Der Zweck der

Business Analyse (BA) besteht darin, die Strukturen und die Prozesse eines Unternehmens zu verstehen (IIBA® International Institute of Business Analysis, 2017).

Die Business Analytik basiert auf dem sogenannten Datenoptimierungsprozess. Es ist ein strategisches Instrument für die moderne Unternehmensführung und -kontrolle. Als wichtiger Aspekt des AAS besteht der Zweck nicht nur darin, Antwort auf die Frage „Was war in der Vergangenheit?", sondern auch „Was wird es in Zukunft sein?" zu geben.

2.5   Business Intelligence (BI)

Die Definition von Business Intelligence (BI) ist der Prozess des Sammelns, Verarbeitens und Bereitstellens von Daten für die Entscheidungsfindung (Chamoni & Gluchowski, 2006). Im Kontext von AAS basiert es eher auf Standardanweisungen mit konsistenten Schlüsselindikatoren für Messung und Analyse. Als Teil von Business Intelligence sollte eine konsistente, vordefinierte Berichtsstruktur verwendet werden, um vordefinierte Fragen basierend auf Dashboards zu beantworten. Dies kann durch indirekten Zugriff oder manuelle, oder teilweise oder vollständig automatisierte mehrdimensionale Datenquellen, Datenbank- und Systemaggregation erreicht werden.

2.6   CAPEX

Capital Expenditures definieren die Investitionen für die Beschaffung von Industriegütern im Gegensatz zu den Operational Expenditures (Vergleich hierzu den Abschnitt zu OPEX). Der Umstand, dass bei herkömmlichen industriellen Wertschöpfungsketten das Verhältnis von CAPEX zu OPEX 20 zu 80 über den gesamten Lebenszyklus einer Maschine oder Anlage beträgt, ist ein wesentlicher Faktor für den sich vollziehenden Siegeszug von AAS, da durch und mit Hilfe von AAS die 80 % der OPEX nachhaltig und signifikant reduziert werden können, was wiederum eine nachhaltige Maximierung der unternehmerischen Rendite aber auch der Nachhaltigkeit bedeutet.

2.7   Cloud Analytics

Dieser Begriff beschreibt ein Servicemodell, bei dem ein Teil der Datenanalyse in einer öffentlichen oder einer privaten Cloud durchgeführt wird. In den meisten Fällen bieten Cloud-Analytics-Anwendungen nutzungsbasierte Preismodelle. Die Verbindung zwischen Unternehmen und Nutzern über das Internet verändert die Cloud-Analyse im Hinblick auf die Arbeitsmarktwirtschaft.

Daher bezieht sich die Cloud-Analyse auf alle Analyseprozesse, in denen eines oder mehrere der Elemente in der Cloud implementiert sind oder implementiert werden. Beispiele für Cloud Analytics-Produkte und -Dienste sind gehostete Data Warehouses, SaaS BI (Software as a Service Business Intelligence) und Cloud-basierte Social Media-Analysen.

2.8   Cloud Sourcing

Dieser Begriff besteht aus *Cloud Computing* und *Outsourcing,* die die externe Beschaffung von IT-Services, Daten und Lösungen aus der Cloud-Umgebung definieren. Tatsächlich ist Cloud-Sourcing ein wichtiger Bestandteil der heutigen hybriden IT-Beschaffungsstrategie. Man kann Cloud-Sourcing mit dem Outsourcing vergleichen. Heutzutage basieren die Kosten für Cloud-Sourcing-Dienste jedoch hauptsächlich auf einem Nutzungsmodell (Vergleich hierzu den Abschnitt zu Pay-per-Use) und nicht auf einem Jahres- oder Monatsvertrag. In Kontext von AAS bezieht sich der Begriff darauf, welche Anwendungen, Daten, Tools oder Funktionen von außerhalb erworben werden sollen. Die zu berücksichtigenden Aspekte sind Sicherheit, Leistung, Kosten und die IT-Strategie des jeweiligen Unternehmens. Daher kann sie systematisch festgelegt und über einen langen Zeitraum optimal genutzt werden, indem interne und externe Hardware- und Softwareelemente angemessen kombiniert werden.

2.9   Clustering

Clustering, eine Clusteranalyse, bezieht sich auf ein Verfahren zum Identifizieren von Gruppen unter Verwendung eines sogenannten Clustering-Algorithmus. In einigen Veröffentlichungen wird auch der Begriff *Aggregationsanalyse* verwendet, der aus einer grafischen Darstellung abgeleitet wird, wobei das Ergebnis eine Aggregation eines oder mehrerer Datenpunkte sein kann. Dies ist der Prozess, bei dem ähnliche Strukturen in großen Datenbanken gefunden werden. Gruppen von „ähnlichen" Objekten, die auf diese Weise gefunden werden, werden als Cluster bezeichnet, ebenso wie Gruppenzuweisungen. Die gefundene Ähnlichkeitsgruppe kann Graphentheorie, Schichtung, Partitionierung oder Optimierung sein. Clustering ist bereits heute ein gängiges Verfahren, um Maschinendaten in Bezug auf Ausfallzeiten, Probleme aber auch bevorstehende erforderliche Servicearbeiten hin evaluieren zu können.

2.10 Datenanalyse

Die Datenanalyse nutzt Methoden der Statistik, um aus Daten mehrwertstiftende Informationen zu generieren. Vier verschiedene Modelle der Datenanalyse werden unterschieden:

- **Deskriptive Datenanalyse:** Daten aus einer Stichprobe oder Grundgesamtheit durch Kennzahlen oder Grafiken darstellen.
- **Inferenzielle Datenanalyse:** Von der Stichprobe auf die Eigenschaften der nicht erhobenen Grundgesamtheit schließen.
- **Explorative Datenanalyse:** Zusammenhänge zwischen verschiedenen Variablen identifizieren.
- **Kontextbasierte Datenanalyse:** Konstellationen in inhaltlich zusammenhängenden Daten erkennen.

2.11 Data Cleansing

Data Cleansing bzw. Datenbereinigung wird auch als *Data Editing* bezeichnet. Ein wichtiger Vorgang in diesem Kontext ist die Identifikation von doppelten Datensätzen, was sich auf das Erkennen und Zusammenlegen von gleichen Datensätzen – Duplikaten – bezieht, und Datenfusion als das Zusammenführen und Komplettieren von lückenhaften Daten. Data Cleansing stellt auf die Optimierung der Informationsqualität ab.

2.12 Data Lake

Data Lake bezeichnet eine große Menge an Rohdaten, für die noch keine Verwendung definiert wurde. Der Unterschied zum klassischen *Data Warehouse*[1] besteht darin, dass bei einem solchen die Daten für einen bereits definierten Zweck oder eine bestimmte Aufgabe strukturiert und gefiltert sind.

2.13   Data Mining

Dieser Begriff wird als Anglizismus verwendet, weshalb es eine deutsche Bezeichnung für diesen Begriff bisher nicht gibt. *Data Mining* bezeichnet die systematische Anwendung der Methoden der klassischen Statistik auf große Datenbestände. Data Mining stellt darauf ab, neue Erkenntnisse aus den AAS Datenbeständen hinsichtlich Zusammenhänge, Korrelationen, Querverbindungen oder Trends zu ermitteln. Aufgrund deren Größe müssen große Datenbestände computergestützt verarbeitet werden. In den vergangenen Jahren hat sich Data Mining immer mehr zu einem Teilbereich des umfassenderen Prozesses der *Knowledge Discovery in Databases (KDD)*, entwickelt. Während KDD auch Schritte wie Data Cleansing und Vorverarbeitung ebenso wie Auswertung beinhaltet, beschränkt sich Data Mining lediglich auf den eigentlichen Verarbeitungsschritt des Prozesses selbst (Fayyad et al., 1996).

2.14   Data Science

Data Science definiert die Extraktion von Wissen aus Daten (Dhar, 2013) als eine interdisziplinäre Wissenschaft. Der Begriff existiert seit den 1960er Jahren als Ersatz für den Begriff „Informatik" und wurde von Peter Naur im Jahre 1974 in der Concise Survey of Computer Methods erstmals frei verwendet.

Jedes Data-Science-Projekt muss immer folgende vier Schritte beinhalten: zuerst müssen die Daten verarbeitet und aufbereitet werden. Dann erfolgt die Selektion der jeweils passenden Algorithmen, gefolgt von der Parameter-Optimierung der Algorithmen. Auf dieser Basis werden dann Modelle abgeleitet, aus deren Vergleich – Evaluierung und Validierung – dann das situativ Beste identifiziert wird (Ng & Soo, 2018). Im Rahmen von AAS ist Data Science entscheidend für den gesamten Prozess der Generierung, der Bündelung bis hin zum Transport und der Verarbeitung und Aufbereitung der rasant wachsenden Datenmengen.

2.15   Data Scientist

Das Berufsbild eines Datenwissenschafters ist noch ein sehr junges Berufsbild und entsprechende Ausbildungen werden bisher nur sehr vereinzelt angeboten. Häufig wird die Ausbildung zum Data Scientist an eine bereits vorhandene Ausbildung im Bereich Volkswirtschaft, Informatik oder aber auch Statistik angeknüpft, was sich positiv auf die Employability (Güpner, 2015) auswirkt.

2.16 Datengetriebenes Management

Aktuell können laut der 2020 Fujitsu Studie gerade einmal 5% aller Unternehmen als „datengetrieben" erachtet werden (Seebacher, 2021a). In diesem Zusammenhang einer durchgängig daten-basierten Unternehmensführung kommt AAS eine entscheidende Rolle zu, weil dadurch der bisherige *Black Spot* im Bereich der gesamten Produktion lückenlos und professionell mit Daten unterlegt und analysiert werden kann. Dies erfordert aber seitens des Top Managements ein grundlegendes Umdenken, das sich aktuell noch nicht vollzogen hat. Dies führt auch dazu, dass AAS sehr restriktiv in den Unternehmen diskutiert und vorangetrieben wird.

2.17 Deep Learning

Tiefes bzw. tiefergehendes Lernen wird in der aktuellen Literatur mit dem englischen Begriff *Deep Learning* bezeichnet. Es handelt sich um eine Methode des maschinellen Lernens, bei der künstliche neuronale Netze (KNN) (Borgelt et al., 2003) zum Einsatz kommen. Diese KNN werden mit mehreren Ebenen bzw. Schichten, sogenannten *Hidden Layers,* zwischen Eingabeschicht und Ausgabeschicht ausgestattet, um dadurch eine umfangreiche innere Struktur zu definieren. Deep Learning hat erst im jüngeren Verlauf der Entwicklungen der künstlichen Intelligenz an Bedeutung gewonnen und wird aber für AAS weiter an Bedeutung gewinnen.

2.18 Deskriptive Analytik

Wichtig in diesem Kontext ist die Unterscheidung der Begriffe *Analytik* und *Analyse.* Der Unterschied zwischen Analyse und Analytik besteht darin, dass die Wissenschaft, die sich mit der Durchführung der Analyse eines Sachverhaltes oder eines Gegenstandes befasst, als Analytik bezeichnet wird, im übertragenen Sinne also einer Meta-Analyse. Somit bezeichnet der Begriff der deskriptiven Analytik eine beschreibende Bewertung von grundlegenden Analysen.

2.19   Deskriptive Analyse

Die Deskriptive Analyse fällt in das Themenfeld der *deskriptiven Statistik*. Die deskriptive Datenanalyse hat ausschließlich beschreibenden Charakter, was sich aus dem lateinischen Wort „describere" im Sinne von „beschreiben" ableitet.

2.20   Deskriptive Modelle

Beschreibende Modelle im Kontext von AAS stellen Verbindungen und Zusammenhänge in definierten Datensets von Anlagen und Maschinen her im Sinne von Gruppierungen und Klassifizierungen. Gerade im Umfeld von AAS kann zum Vorteil aller Nutzer auf unternehmensübergreifend gewonnene Erkenntnisse zurückgegriffen und davon nachhaltig profitiert werden. Im Unterschied zu prädiktiven Modellen geht es bei beschreibenden Modellen um das Erkennen und Identifizieren von belastbaren Abhängigkeiten, Beziehungen und Zusammenhängen. Es geht um das Identifizieren von Abhängigkeiten und Wirkungszusammenhängen, um auf dieser Basis mögliche Fragen der Anlagen- und Maschinensteuerung nicht nur eindimensional, sondern multidimensional belegen und darstellen zu können.

2.21   End-2-End-TechStack (E2E-TechStack)

Ein nachhaltig erfolgreiches und funktionierendes AAS erfordert einen durchgängigen IT-basierten und automatisierten Prozess, damit 24/7 Daten und Informationen gesammelt und verarbeitet werden können. Ein E2E-TechStack muss auch integrativer Bestandteil eines Predictive-Intelligence-TechStack (PITech-Stack) sein, um auf lange Sicht den erforderlichen 360° Rundumblick auf die unternehmerischen Daten als Teil eines datengetriebenen Managements (DGM) realisieren zu können (Seebacher, 2021b).

Dem AAS Anbieter kommt in diesem Zusammenhang eine entscheidende Rolle zu, da er von der Maschine bis hin zu einem zentralen Performance Center eine durchgängige IT-Infrastruktur vorhalten können muss, die auch immer State-of-the-Art in Bezug auf Performance, Stabilität, Schnittstellen und Risiko sein muss.

2.22 Equipment-as-a-Service (EaaS)

Dieser Begriff wird auch im Zusammenhang von AAS verwendet, führt aber dazu, dass unbewusst gewisse Segmente ausgeschlossen werden. EaaS unterstellt eine gewisse finanz- und größtentechnische Einschränkung im Sinne der rein semantischen Deutung des Begriffes Ausrüstung. AAS beinhaltet aber und gerade auch gesamte Infrastrukturen wie Bewässerungsanlagen, gesamte Pumpspeicherkraftwerke bis hin zu kompletten Entsalzungs- und Wasseraufbereitungsanlagen im Euro-Milliarden-Bereich, um an dieser Stelle exemplarisch nur einige Beispiele zu nennen.

2.23 Extrapolation

Unter diesem Begriff wird eine Hochrechnung oder Bestimmung eines zumeist mathematischen Verhaltens bezeichnet, wie zum Beispiel eine Zahlenreihe über einen definierten Zeitraum hinweg, über den gesicherten bzw. vorhandenen (Daten-)Bereich hinaus verstanden. Folgende Varianten können definiert werden:

- Statische Extrapolation
- Dynamische Extrapolation
- Monodimensionale Extrapolation
- Multidimensionale Extrapolation

2.24 Funktionale Modelle bzw. Modellierung

Beim Funktionalen Modell steht die Transformation bzw. Veränderung der Daten im Mittelpunkt. Funktionale Modelle können auch in betriebliche Anwendungen und Datenprodukte integriert werden, um Echtzeit-Analysefunktionen vorhalten zu können.

2.25 Hadoop-Cluster

Ein *Hadoop-Cluster* ist eine koordinierte Verknüpfung von Hardware zur Erreichung einer größeren Verarbeitungs-Kapazität von großen, unstrukturierten Datenmengen. Hadoop-Cluster funktionieren nach einem *Master–Slave-Modell,* einem Modell für ein Kommunikationsprotokoll, bei dem ein Gerät oder Prozess, das bzw. der als *Master* bezeichnet, ein oder mehrere Geräte oder Prozesse, als *Slaves* definiert, kontrolliert. Gerade für globale AAS Infrastrukturen sind solche Elemente in der Zukunft erforderlich für die Skalierung des Modells.

2.26 Harvesting

Harvesting im Kontext von AAS als Teil von datengetriebenem Management meint das *Ernten* von Daten oder Informationen. Der Begriff *Information Harvesting* (IH) wurde von Ralphe Wiggins (1992) als Versuch etabliert, Regeln aus Datensätzen abzuleiten. IH kann vor diesem Hintergrund auch als eine Form des maschinellen Lernens betrachtet werden und fällt in den Bereich des heutigen *Data Minings*.

2.27 Industrie 4.0

Dieser Begriff stellt auf die Digitalisierung und Virtualisierung der Industrie ab, was wiederum die Basis für AAS darstellt.

2.28 Internet-of-Things (IoT)

Das Internet der Dinge ist ein Sammelbegriff für Technologien einer globalen Infrastruktur der Informationsgesellschaften, die es ermöglicht, physische und virtuelle Objekte miteinander zu vernetzen und sie durch Informations- und Kommunikationstechniken zusammenarbeiten zu lassen (Abb. 2.1).

2.29 Industrial Internet-of-Things (IIoT)

Das industrielle Internet der Dinge (IIoT) bezieht sich auf miteinander verbundene Sensoren, Instrumente und andere Geräte, die mit Computern in industriellen Anwendungen, einschließlich Fertigung und Energiemanagement, vernetzt sind. Diese Konnektivität ermöglicht die Sammlung, den Austausch und die Analyse von Daten, was potenziell Verbesserungen der Produktivität und Effizienz sowie

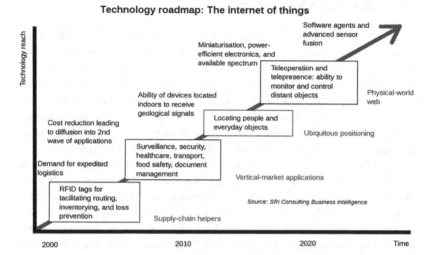

Abb. 2.1 Entwicklung des Internet-of-Things. (Quelle: Von SRI Consulting Business Intelligence/National Intelligence Council – Apendix F of Disruptive Technologies Global Trends 2025, page 1 Figure 15

andere wirtschaftliche Vorteile ermöglicht.[2] Das IIoT ist eine Weiterentwicklung eines verteilten Steuerungssystems (DCS), das einen höheren Automatisierungsgrad ermöglicht, indem es *Cloud Computing* zur Verfeinerung und Optimierung der Prozesssteuerungen nutzt.

2.30 Leasing

Uneingeschränkte Nutzung eines Wirtschaftsgutes. Ein Leasingvertrag begründet zunächst keinerlei Anspruch auf den Kauf des geleasten Wirtschaftsgutes am Ende der Vertragslaufzeit. Das wirtschaftliche Eigentum und damit die Abschreibung liegt bei der Leasinggesellschaft, eine Kaufoption ist am Ende der Laufzeit optional möglich.

---

[2] Boyes, Hugh; Hallaq, Bil; Cunningham, Joe; Watson, Tim (October 2018). „The industrial internet of things (IIoT): An analysis framework". *Computers in Industry.*

2.31   Maschinelles Lernen

Maschinelles Lernen ist ein Oberbegriff für die Generierung von Wissen aus Erfahrung durch „künstliche" Methoden. Zu diesem Zweck kommen spezielle Algorithmen zum Einsatz, um aus großen Datenmengen, von Big Data, zu lernen. Es werden entsprechende statistische Modelle verwendet, die auf Trainingsdaten aufbauen. Durch den sogenannten Lerntransfer können diese Lernerfahrungen in weiterer Folge auch auf unbekannte Daten angewandt und diese dadurch einer Beurteilung unterzogen werden. Wenn eine Maschine an einem unbekannten Datenset scheitert, so wird dafür der Begriff der Überanpassung verwendet.

Maschinelles Lernen unterscheidet in *symbolische* und *nicht-symbolische* Ansätze und in *algorithmische* Ansätze, die sich wiederum in überwachtes und unüberwachtes Lernen unterteilen. In Bezug auf Datengetriebenes Management ist es entscheidend, maschinelles Lernen im Hinterkopf zu haben, weil im weiteren Verlauf der Entwicklung durch das dem Datengetriebenen Management zugrundeliegende Reifegrad Modell jedenfalls diese Technologie von zunehmender Bedeutung sein wird.

2.32   Miete

Für die uneingeschränkte Nutzung eines Wirtschaftsgutes wird eine monatliche Gebühr erhoben. Die Miete ist steuerlich wie Leasing zu betrachten, unterliegt aber nicht dem Leasingerlass. Damit gibt es keine Vorgaben hinsichtlich der Laufzeit und der Objekte. Der Mietvertrag ermöglicht die Einbindung von Dienstleistungen und Verbrauchsmaterialien. Es gibt unterschiedliche Mietvarianten: Beispiel hierfür wären *Pay-per-Use (PPU)* Verträge.[3] Alle Vertragsvarianten der Miete müssen basierend auf das Equipment und die gewünschte Anwendung individuell kalkuliert werden.

2.33   Mietkauf

Leasing- und Mietkaufkonditionen sind oft annähernd identisch. Anders als beim Leasing geht bei ordnungsgemäßer Erfüllung aller Ratenzahlungen automatisch das Eigentum des Wirtschaftsgutes an den Mieter über. Das Mietkaufobjekt wird in der Mieter Bilanz aktiviert und abgeschrieben.

---

[3] Siehe hierzu den entsprechenden Abschnitt in diesem Kapitel zu PPU.

2.34 OPEX

Operational Expenditures machen rund 80 % der Gesamtkosten einer Maschine über den gesamten Lebenszyklus aus. Daher spielt die Optimierung der Maschineneffizienz aber auch des erforderlichen Energie- und Ressourceneinsatzes bis hin zum vorausschauenden Service eine entscheidende Rolle, um diesen Kostenblock senken zu können.

2.35 Netflix Industrie

Dieser Begriff wurde vom Manager Magazin in seiner Ausgabe vom Juli 2019 (Müller)[4] geprägt und stellt auf den gesellschaftlichen Wandel hin zu einen nutzungs- und serviceorientiertem Verbraucherverhalten ab, der sich im Business-to-Business (B2B) Bereich an den Entwicklungen hin zu AAS widerspiegelt. Kotler und Pfoertsch sprechen in diesem Kontext von der Abkehr von einer Produkt-dominierten hin zu einer Dienstleistungs-orientierten Logik.

2.36 Pay-per-Use (PPU)

Dieser Begriff geht auf das Unternehmen Rolls-Royce zurück, das bereits in den siebziger Jahren eine Turbine nach dem Leistungsmodell verkauft hatte. PPU im Kontext von AAS definiert eine verbrauchsabhängige monatliche Nutzungsgebühr, die durch den Nutzer der Anlage oder Maschine an den AAS Anbieter zu entrichten ist. PPU bedeutet im Konkreten zum Beispiel die Bezahlung nach der gepumpten Menge an Wasser oder aber der erzeugten Energie. Die Herausforderung im Bereich von PPU liegt in einer situativ-flexiblen und multidimensional-elastischen Gebührenkalkulation, um als AAS Anbieter nicht draufzuzahlen.

2.37 Prädiktive Analyse

Die Prädiktive Analyse (PA) ist ein Teilbereich und auch eine der Säulen der *Business Analytik* im Kontext von AAS. PA fällt in den Bereich des *Data Minings*. Mit

---

[4] Müller, E. (2019). Die Netflix-Industrie. Manager Magazin, Ausgabe Juli.

Hilfe von PA werden Wahrscheinlichkeiten für die Zukunft berechnet und entsprechende Trends ermittelt. Durch den Einsatz von sogenannten *Prädiktoren* (siehe hierzu den entsprechenden Abschnitt in diesem Kapitel) können diese Vorhersagen über die Zukunft sehr präzise getroffen werden. Durch den Einsatz mehrerer, verschiedener Prädiktoren entsteht ein Vorhersagemodell, um wahrscheinliche Ereignisse zu berechnen.

2.38   Prädiktive Modelle bzw. Modellierung

Für Vorhersagemodelle kommen Methoden der Mathematik und der Informatik zum Einsatz. Es geht um die Vorhersage zukünftiger Ereignisse oder Ergebnisse – im Umfeld von AAS geht es im Speziellen um Aussagen hinsichtlich erforderlicher Serviceintervalle oder Maschinenausfälle. Diese Modelle werden in einem iterativen Prozess mit einer Trainings-Datenmenge und Trainingsmustern entwickelt, getestet und hinsichtlich der Genauigkeit der generierten Vorhersagen evaluiert. In den vergangenen Jahren kommen im Bereich der prädiktiven Modelle verstärkt auch Technologien aus dem Bereich der künstlichen Intelligenz und dem Machine-Learning zum Einsatz, um aus mehreren Modellen das Optimalste und Valideste zu identifizieren.

2.39   Prädiktoren

Prädiktoren sind Variablen in einer Gleichung, die dazu verwendet werden, zukünftige Ereignisse zu prognostizieren.

2.40   Präskriptive Analytik

Präskriptive Analytik kann als ein Teilbereich der Datenanalyse im Umfeld von AAS definiert werden, im Rahmen derer prädiktive Modelle verwendet werden, um konkrete Aktionen vorzuschlagen. Diese Handlungsempfehlungen sind wiederum kontextuell auf das jeweils optimale Ergebnis ausgerichtet, das im Rahmen der initial durchgeführten Projektdefinition beschrieben bzw. festgelegt wurde. Präskriptive Analysen beruhen auf Optimierung und regelbasierten Entscheidungsfindungstechniken. Präskriptive Analytik ergänzt die Ergebnisse der

Prädiktiven Analyse um ein Echtzeit-Element, indem Aktionen für die Ereignisse angewendet werden. Artun und Levin (2015) definieren drei Verfahren der präskriptiven Analytik:

* Unüberwachtes Lernen (Clusteringmodelle)
* Überwachtes Lernen (Vorhersagemodelle)
* Verstärkungslernen (Empfehlungsmodelle)

2.41   Predictive Maintenance

Prädiktive Wartung bezeichnet eine vorausschauende Servisierung von Anlagen und Maschinen. Dazu müssen aber über einen längeren Zeitraum umfassend und stringent entsprechende Daten von Maschinen der gleichen Art gesammelt werden. In weiterer Folge müssen diese durch Clustering und andere Methoden ausgewertet und analysiert werden. Im Kontext von AAS besteht hier der entscheidende Vorteil für die Maschinennutzer, da der AAS Anbieter auf immer mehr Daten und Samples zurückgreifen kann und das daraus gewonnene Wissen wiederum jedem einzelnen Nutzer im Sinne der Effizienz, Lebensdauer aber auch der Kosten und Risiken von Anlagen und Maschinen zugutekommen kann und wird.

Vorausschauende Wartung hilft aber auch im Sinne der Nachhaltigkeit hinsichtlich des umweltgerechten Erhalts der Maschinen, in dem Ersatzteile rechtzeitig eingebaut werden und auf diese Weise Ineffizienzen und unnötig hohe Energie- und Ressourcenverbräuche vermieden werden können.

2.42   Predictive Service

Dieser Begriff ist vergleichbar mit Predictive Maintenance, wobei der Begriff Service als ein Teilbereich des weitaus umfassenderen Begriffs der Wartung erachtet werden kann. Vorausschauendes Service trägt ebenso zu einer besseren Ökobilanz von Anlagen und Maschinen bei aber auch und vor allem zur nachhaltigen wirtschaftlichen Optimierung der Rentabilität der zum Einsatz kommenden Anlagen und Maschinen.

2.43   Remote Monitoring

Fernüberwachung als Teil von AAS erfordert einen stabilen E2E-TechStack und bietet die Möglichkeit 24/7 weltweit Anlagen und Maschinen zu überwachen und im Bedarfsfall sofort reagieren zu können. Dadurch trägt Remote Monitoring aktiv zur Aufrechterhaltung der jeweils optimalen Effizienz der Anlage bei, indem Abweichungen vom Idealzustand jederzeit automatisch erkannt, sofort Gegenmaßnahmen eingeleitet und somit Kosten und Risiken minimiert werden.

2.44   Software-as-a-Service (SaaS)

Bei *As-a-Service* kann der Kunde eine Anwendung oder Equipment gegen eine Gebühr nutzen, wie eine Art Dienstleistung. Für die Nutzung der Anwendung bzw. des Equipments zahlt der Nutzer Gebühren an den Anbieter, der das Equipment z. B. Maschinen für ihn bereitstellt. Der Kunde kann hierbei einen monatlichen Betrag wählen oder die Maschine, je nach Bedarf, nutzen und zahlen auf Basis von *Pay-per-Use* oder Pay-per-Outcome. Der Anbieter der Maschine stellt jedoch nicht nur die Maschine oder die Anlage zur Verfügung, sondern kümmert sich darüber hinaus auch noch um die Instandhaltung, Wartung und den Service. Weitere Formen, die häufig verwendet werden, sind *Equipment-as-a-Service* (EaaS) oder *Product-as-a-Service* (PaaS).

2.45   Service Levels (SLs)

Service Levels sind entscheidend für die Kalkulation der Kosten von Zusatzleistungen bei AAS. Ähnlich wie im Fahrzeugleasing können Autos „all-in" – also inklusive aller Service- und Wartungskosten – aber auch ohne jegliche Services bzw. Zusatzleistungen geleast werden. Die exakte Definition der verschiedenen Service Levels ist für alle Beteiligten ein wichtiger Aspekt hinsichtlich eines nachhaltigen erfolgreichen AAS. Abb. 2.2 stellt exemplarisch ein Service Level Modell dar, das dem neuen AAS Kunden die Möglichkeit bietet aus mehreren, verschiedenen SLs zu wählen, um sich so schrittweise im Entwicklungsmodell zu AAS weiter zu entwickeln.

SERVICE LEVEL 1

- Alle Maschinen werden mit IoT-Schnittstellen geliefert.
- Der Kunde ist zur vollständigen Einhaltung der von AAS freigegebenen Service- und Rehabilitationsintervalle verpflichtet.
- Die Wartungsintervalle werden von AAS festgelegt und geplant.
- Service, Sanierungsmaßnahmen und Ersatzteile müssen vom Kunden bezahlt werden

SERVICE LEVEL 2

- Basierend auf dem Service-Level 1 (SL1) beinhaltet dieser Service-Level in den monatlichen Raten die Kosten für alle Serviceleistungen und Rehabilitationen sowie für Ersatzteile.
- Der Tarif beinhaltet keine Flüssigkeiten oder sonstiges Gebrauchsmaterial, es muss also vom Kunden gekauft werden.
- Dieser Service ist vergleichbar mit den auf dem Markt befindlichen "All-In" Car-Leasing-Modellen.

SERVICE LEVEL 3

- Basierend auf SL1 und SL2 integriert dieser Service Level die speziell für das Produkt AAS verfügbare Smart IoT-Technologie.
- Das bedeutet, dass der Kunde alle Maschinendaten sammeln und dadurch auch Alarmmeldungen auf ausgewählten Geräten erhalten kann.
- Der AAS Anbieter hat ebenfalls Zugriff auf die Daten, bietet aber keinen 24/7-Überwachungs-Service an, weshalb im Ernstfall der Kunde selbst proaktiv handeln muß.

SERVICE LEVEL 4

- Dieser Service-Level steht für eine 24/7 umfassende vorausschauende Wartung und Überholung.
- Der AAS Anbieter muss eine 24/7 Online-Überwachung und -Kontrolle durch ein AAS Performance Center sicherstellen.
- Dieser SL4 bietet eine vollständige IoT/IoP-Datenintegration und ermöglicht es dem AAS Anbieter, Daten vollständig zu sammeln und zusammenzuführen zum Nutzen aller Beteiligten.

Abb. 2.2   Beispiel von ASS Service Levels

2.46   Smart Factory

Die intelligente Fabrik ist eine lernende und kommunizierende Fabrik, in der Maschinen durchgängig miteinander vernetzt sind und sich in Bezug auf die übergeordnete Anlageneffizienz selbst interaktiv managen. Die Smart Factory löst das Problem der Suboptimierung von Smart Machines, also einzelnen intelligenten Maschinen, die als Teil von AAS per se laufend überwacht und optimiert werden, was aber in Bezug auf vor- und nachgelagerte Maschinen im betreffenden Produktionsprozess gravierende Auswirkungen haben kann, nämlich wenn durch diese singuläre Optimierung des Wirkungsgrades einer einzelnen Maschine die anderen Maschinen aus deren optimalen Wirkungsbereiches kommen, was zu Schäden und dann zum Ausfall der gesamten Anlagen führen kann.

2.47   Smart Manufacturing

Smart Manufacturing[5] definiert die computerintegrierte Fertigung, ein hohes Maß an Anpassungsfähigkeit und schnelle Designänderungen, digitale Informationstechnologie und eine flexiblere technische Ausbildung der Arbeitskräfte einsetzt.[6]

---

[5] Lu, Yuqian; Xu, Xun; Wang, Lihui (July 2020). „Smart manufacturing process and system automation – A critical review of the standards and envisioned scenarios".

[6] Davis, Jim; Edgar, Thomas; Porter, James; Bernaden, John; Sarli, Michael (2012–12–20). „Smart manufacturing, manufacturing intelligence and demand-dynamic performance". *Computers & Chemical Engineering*. FOCAPO 2012. **47**: 145–156.

Im Kontext von AAS verfügt eine intelligente Fabrik über interoperable Systeme, dynamische Modellierung und Simulation auf mehreren Ebenen, intelligente Automatisierung, starke Cybersicherheit und vernetzte Sensoren.

Die weit gefasste Definition von Smart Manufacturing umfasst viele verschiedene Technologien. Einige der Schlüsseltechnologien in der Smart-Manufacturing-Bewegung umfassen Big-Data-Verarbeitungsfunktionen, industrielle Konnektivitätsgeräte und -dienste sowie fortschrittliche Robotik.

2.48   Smart Service

Der Begriff Smart Service beschreibt die am weitest entwickelte Stufe datenbasierter, digitaler Dienstleistungsangebote im Kontext von AAS. Sie werden durch Dienstleister für Kunden erbracht, die sogenannte *Smart Products* nutzen, die mit Sensorik im Sinne von technischen Objekten ausgestattet sind, die Daten aufnehmen und weitergeben können, weil sie mit Software gesteuert und mit einem Netzwerk, z. B. dem Internet, verbunden sind.

2.49   Smart Technologies

Dieser Begriff umfasst alle Technologien, die erforderlich sind, um klassische Industriegüter an einen E2E-TechStack anbinden und somit *smart* machen zu können.

2.50   Die Dynamik der AAS Begriffswelt

Die Halbwertszeit in der heutigen Praxis aber auch der Wissenschaft ist von einer zunehmenden Dynamik geprägt. Dieses Kapitel hat kurz und prägnant die aktuell wichtigsten Begriffe im Kontext von AAS zum Zeitpunkt der Erstellung dieses *essentials* behandelt.

Weiterführende Literatur

Blondel, V. D., Guillaume, J.-L., Lambiotte, R., & Lefebvre, E. (2008). Fast unfolding of communities in large networks. *Journal of Statistical Mechanics: Theory and Experiment, 2008*(10), P10008.

Borgelt, C., Klawonn, F., Kruse, R., & Nauck, D. (2003). *Neuro-Fuzzy-Systeme—Von den Grundlagen künstlicher Neuronaler Netze zur Kopplung mit Fuzzy-Systemen.* Springer.

Bruderer, H. (2018). *Erfindung des Computers, Elektronenrechner, Entwicklungen in Deutschland, England und der Schweiz.* In Meilensteine der Rechentechnik (2., völlig neu bearbeitete und stark erweiterte Aufl. Bd. 2). De Gruyter.

Chamoni, P., & Gluchowski, P. (2006). *Analytische Informationssysteme: Business Intelligence-Technologien und -Anwendungen* (3. Aufl.). Springer.

Christl, W. (2014, November). Kommerzielle digitale Überwachung im Alltag. PDF. auf: crackedlabs.org, (S. 12).

Dhar, V. (2013). Data science and prediction. *Communications of the ACM, 56*(12), 64.

Dinter, B., & Winter, R. (Hrsg.). (2008). *Integrierte Informationslogistik (Business Engineering).* Springer.

Escoufier, Y., et al. (1995). Preface. In Data science and its application (englisch). Academic.

Ester, M., & Sander, J. (2000). *Knowledge discovery in databases. Techniken und Anwendungen.* Springer.

Fayyad, U. M., Piatetsky-Shapiro, G., & Smyth, P. (1996). From data mining to knowledge discovery in databases. *AI Magazine, 17*(3), 37–54.

Felden, C., & Buder, J. (2012). Entscheidungsunterstützung in Netzgesellschaften. *Wirtschaftsinformatik, 1,* 17–32.

Forbes. (2013). *A very short history of data science.* Gil Press.

Gareth, J., Witten, D., Hastie, T., & Tibshirani, R. (2017). *An introduction to statistical learning with applications in R.* Springer.

Güpner, A. (2015). *Ich bin ein Star – Lasst mich hier rein! Das Karrierebuch für den perfekten Berufseinstieg.* USP International.

Hinton, G., & Sejnowski, T. J. (Hrsg.). (1999). *Unsupervised learning: Foundations of neural computation.* MIT Press.

IIBA® International Institute of Business Analysis. (2017). *BABOK® v3—Leitfaden zur Business-Analyse BABOK® Guide 3.0* (3., erweiterte Aufl.). Verlag Dr. Götz Schmidt.

Langley, P. (2011). The changing science of machine learning. *Machine Learning, 82*(3), 275–279.

Müller, A. C., & Guido, S. (2017). *Einführung in Machine Learning mit Python: Praxiswissen Data Science.* O'Reilly.

Ng, A., & Soo, K. (2018). Data Science—Was ist das eigentlich?! Algorithmen des maschinellen Lernens verständlich erklärt. Springer

Reichert, R. (2014). *Big Data: Analysen zum digitalen Wandel von Wissen, Macht und Ökonomie.* Transcript.

Rifkin, J. (2019). *Der globale Green New Deal: Warum die fossil befeuerte Zivilisation um 2028 kollabiert – und ein kühner ökonomischer Plan das Leben auf der Erde retten kann.* Campus.

Seebacher, U. (2020). *B2B marketing: A guidebook for the classroom to the boardroom.* Springer.

Seebacher, U. (2020). *Template-based Management – Ein Leitfaden für eine effiziente und wirkungsvolle berufliche Praxis.* AQPS Inc.

Seebacher, U. (2021a). *Predictive Intelligence für Manager – Der einfache Weg zur datengetriebenen Unternehmensführung – mit Self-Assessment, Vorgehensmodell und Fallstudien.* Springer.

Seebacher, U (2021b). *Datengetriebenes Management – Wie Sie die richtigen Grundlagen legen, bevor Sie mit Business Intelligence durchstarten können.* Springer.

Smola, A. (2008). *Introduction to machine learning.* Cambridge University Press.

Strohmeier, L. (2020). *Central business intelligence.* In U. Seebacher (Hrsg.), *B2B marketing —A guidebook for the classroom to the boardroom.* Springer.

Wiggins, R. (1992). Docking a truck: A genetic fuzzy approach. *AI Expert, 7*(5), 28–35.

Das Vorgehensmodell zu AAS

3

In diesem Kapitel wird ein kompakter Überblick und eine einführende Darstellung zur Vorgehensweise in Richtung AAS beschrieben. Es wird beschrieben, wie AAS in einer Organisation schrittweise etabliert werden kann.

3.1 Das Reifegradmodell zu AAS

Das Modell zu AAS (Abb. 3.1) definiert vier Phasen, die diese neu erscheinende Form des industriellen Handelns durchlaufen wird, bis schlußendlich im vierten Reifegrad der Etablierung von AAS die Herausforderungen des Wachstumspardoxons auf breiter Basis gelöst werden können.

Das Modell betrachtet schematisch im Zeitverlauf die Entwicklungen der verschiedenen relevanten und zu betrachtenden Dimensionen:

- Ressourcenbedarf
- Infrastrukturrisiko
- Infrastrukturlebensdauer

In Übereinstimmung mit den verschiedenen Entwicklungsphasen von AAS müssen sich auch die verschiedenen Marktteilnehmer entsprechend entwickeln, um aktiv diese sich bietenden Chancen wahrnehmen zu können. Im Rahmen der Einführungsphase werden viele verschiedene Anbieter von AAS im Markt entstehen. In Bezug auf Nutzer von Anlagen und Maschinen ist es entscheidend, sich nicht exklusiv an einen dieser Anbieter zu binden. Zudem geht es darum, in Bezug auf den jeweiligen regionalen Fokus der Geschäftsaktivitäten entsprechend sich möglichst breit in Bezug auf AAS Anbieter aufzustellen. Aus Sicht von

U. Seebacher, *Assets-as-Service,* essentials, https://doi.org/10.1007/978-3-658-34682-9_3

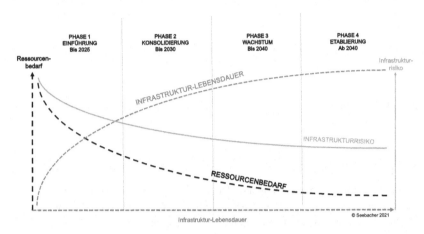

Abb. 3.1 Reifegradmodell zu AAS 2021

Produzenten von Anlagen und Maschinen empfiehlt sich ebenso eine situations-elastische Vorgehensweise, um möglichst breit Erfahrungen inhaltlicher, aber auch technischer Art sammeln zu können. Hintergrund dafür ist, dass im Rahmen der Einführungsphase bis 2025 AAS Anbieter unterschiedliche technologische Integrationsformen anbieten werden. In diesem Kontext ist es erforderlich, möglichst flexibel in Bezug auf die technologische Anbindung als Teil des E2E-TechStack aufgestellt zu sein.

Wenn man diese Grundsätze im Rahmen der Einführungsphase berücksichtigt, so wird man ohne gröbere Rückschläge die Konsolidierungsphase im Zeitraum 2025 bis 2030 durchlaufen können. Im Rahmen dieser Phase werden rund 80 % der Anbieter wieder vom AAS Anbieter Markt verschwinden und das Potenzial wird sich auf einige wenige reduzieren und auf diese verteilen. Man geht heute davon aus, dass diese Konsolidierung nicht nur unternehmenstechnisch, sondern sich vor allem auch informationstechnologisch vollziehen wird. Für Produzenten und Nutzer von Anlagen und Maschinen bedeutet dies, dass sich die technologischen Möglichkeiten in Bezug auf Schnittstellen auf sich neu etablierende Industriestandards reduzieren werden. Jene Unternehmen werden sich daher Wettbewerbsvorteile verschafft haben, die in Bezug auf deren Anbindung in den E2E-TechStack relativ flexibel und breit aufgestellt sind.

Spannend wird es in der dritten Phase der Entwicklung von AAS, der Wachstumsphase, denn dann werden entsprechende Projekte in eine völlig neue Dimension in Bezug auf Größe und Umfang vordringen, die in einer bisher nie dagewesenen Art und Weise zur Nivellierung der sozialen Schere der Verteilung des Reichtums beitragen können wird – immer unter der Prämisse, dass AAS stringent und kongruent zur Umsetzung kommt. In der Wachstumsphase wird es durch AAS möglich sein, bisher wirtschaftlich nicht erschließbare Regionen an eine sich global verändernde gleich verteilende Infrastruktur anbinden zu können. Diese Anbindung bedeutet die direkte und indirekte Integration in industrielle Wertschöpfungsketten, die durch neue Möglichkeiten und Formen von *remokaler Energiegewinnung* aber eben auch *landwirtschaftlichen Erschließungstechnologien* im Bereich der Makro-Bewässerungen bis hin zu Makro-Wasseraufbereitungen und Makro-Hochwasserschutzinstallationen realisiert wird.

Die vierte Phase der AAS Entwicklung wird geprägt sein von den ersten Fertigstellungen sogenannter *Large-Scale-Infrastrukturen*. Das in Betrieb gehen solcher AAS Leuchtturm-Projekte wird der breiten Öffentlichkeit aufzeigen, wie wichtig diese neue Form der funktional-dominierten, industriellen Ökonomie ist, um im Rahmen des sich immer schneller vollziehenden Klimawandels und den damit einhergehenden, immer devastierenderen Umwelt-Phänomenen, die Herausforderungen der Menschheit bewältigen zu können. Es geht um den Schutz von Millionen Menschen vor dem Ertrinken bei Überflutungen ebenso wie die Bereitstellung des lebenswichtigen Wassers in von Dürre bedrohten Regionen.

3.2 Das Vorgehensmodell für den perfekten Einstieg in AAS

Vor dem Hintergrund des zuvor dargestellten Entwicklungsmodells zu AAS wurde auf Basis verschiedener Projekte ein operatives Vorgehensmodell (Abb. 3.2) für Produzenten von Maschinen und Anlagen definiert. Dieses Modell ist für alle Industrien aber auch Größen von Unternehmen anwendbar, da es unter Berücksichtigung einer möglichst geringen zusätzlichen Ressourcenbelastung entwickelt wurde. Das bedeutet, dass bei einer durchschnittlichen organisationalen Effizienz die durchzuführenden Aktivitätenfelder neben den laufenden operativen Tätigkeiten umsetzbar sein müssen.

3.2.1 Phase 1: Screening

Diese Phase dauert zwischen rund 6 bis 12 Monaten und ist geprägt von dem Erledigen der eigenen Hausaufgaben. Es geht darum, zu erkennen, welche Produkte beziehungsweise Anwendungen geeignet sind, um den Einstieg in AAS mit

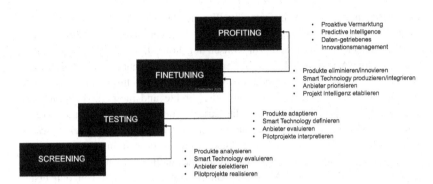

Abb. 3.2 AAS-Wachstumspfad für Unternehmen nach Seebacher (2021)

überschaubarem Aufwand und realistischen Geschäftschancen erfolgreich meistern zu können können. Schlagworte wie Produkt-Lebenszyklus, Produktmargen, Produkt-Absatz-Potenziale bis hin zur wettbewerbs-technischen Positionierung müssen in diesem Kontext diskutiert und analysiert werden. Ebenso muss der interne Stand in Bezug auf *Smart Technologies* ermittelt werden.

▶ **Tipp** Ein häufiger Fehler in diesem Zusammenhang ist, dass Automatisierungstechniker oder aber langgediente Mechatroniker beauftragt werden, nunmehr von heute auf morgen Experten im Bereich solcher Smart Technologies zu sein. Im Kontext der Ausbildung der zuvor genannten Berufsgruppen wird sehr rasch deutlich, dass diese HR-Strategie nicht aufgehen kann, da Smart Technologies nur zu einem geringen Anteil mit klassischer Automatisierung zu tun haben, sondern viel mehr mit modernster Informations-, Sensor- und Schnittstellentechnologie.

Gerade zu Beginn der Aktivitäten ist eine umfassende Expertise erforderlich, da die ersten strategischen Weichen in Bezug auf intelligente Technologien in dieser ersten Phase gestellt werden müssen. Eine falsche HR-Strategie kann hier für den gesamten Verlauf der AAS Aktivitäten gravierende Nachteile mit sich bringen. Ein Ansatz kann sein, einen studentischen Mitarbeiter aus der relevanten Fachrichtung in Teilzeit ins Boot zu holen, da dieser den Markt und die aktuellen Entwicklungen bereits kennt und sich sehr rasch in das Themenfeld aber auch die Produkte des Unternehmens einarbeiten kann. Ein solcher Mitarbeiter kann auch kostenminimal relevante AAS Anbieter scannen und vergleichend analysieren.

Mit diesen Informationen können erste Pilot Projekte ausgewählt und auch realisiert werden. Das Risiko diesbezüglich ist sehr gering, da naturgemäß Pilot Projekte klein und überschaubar sind und ohnedies in der zweiten Phase die Möglichkeit besteht, die realisierten Pilot Projekte im Detail zu analysieren und zu interpretieren in Bezug auf *Key Learnings*.

3.2.2 Phase 2: Testing

Im Rahmen der zweiten Phase (12–18 Monate) müssen auf Basis der gemachten Erfahrungen aus Phase 1 die eigenen Maschinen und Anlagen angepasst beziehungsweise für die Einbindung in AAS Projekte und Umgebungen adaptiert werden.

▶ **Tipp** Gerade auch in Bezug auf wettbewerbstechnisch nachteilig positionierte Produkte kann das AAS Umfeld von Vorteil sein. Wenn ein Produkt im Vergleich zum Wettbewerb zu teuer ist, kann dieser Wettbewerbsnachteil im Rahmen von AAS Projekten eliminiert werden. Erfahrungen haben nämlich gezeigt, dass bei Einbindung von Ingenieurbüros (EPC), die dann auch mit dem Betrieb von AAS Infrastrukturen über einen langen Zeitraum beauftragt werden, diese sehr wohl zu teureren dafür aber verlässlichen und performanteren Maschinen greifen, um das eigene Risiko aber auch die Kosten für den laufenden Betrieb zu minimieren.

Entscheidend ist hier, auf Basis von modernem datengetriebenem Management (Seebacher & Garritz, 2021) diese Aspekte und Möglichkeiten in Betracht zu ziehen, da sich durch AAS die Ausgangsbedingungen für Produkte in Bezug auf deren Wettbewersituation signifikant ändern. Dieser Umstand kann im Kontext zum Vorteil für das eigene Unternehmen ausgenutzt werden. In dieser zweiten Phase ist es zudem erforderlich, eine Entscheidung in Bezug auf die Smart Technologies zu treffen. In Kooperation mit AAS Anbietern, den eigenen IT-Experten aber auch den Erkenntnissen aus der Phase 1 kann eine solche Entscheidung im Sinne einer IoT-Strategie bereits fundiert getroffen werden. Eine solche IoT-Strategie definiert sowohl Hardware- als auch Softwaretechnische Komponenten für die Einbindung der Produkte in AAS E2E-TechStacks. In dieser Phase müssen auch Überlegungen und Entscheidungen in Bezug auf das *Make or Buy* zu den zum Einsatz kommenden *Smart Technologies* getätigt werden.

In diesem Zusammenhang ist auch die Analyse und Interpretation der Pilot Projekte aus der ersten Phase sehr wertvoll in Bezug auf nicht nur die zum Einsatz kommenden Technologien aber auch und vor allem die Qualität und Güte der verschiedenen AAS Anbieter.

3.2.3   Phase 3: Finetuning

Diese dritte Phase sollte man nach rund 18–24 Monaten erreichen. Diese Phase dient dazu, das Leistungsangebot in Bezug auf AAS zu finalisieren bzw. zu optimieren. Auf Basis der Erkenntnisse der ersten beiden Phasen geht es nun darum, das eigene Produkt Portfolio kritisch zu hinterfragen und zu bereinigen beziehungsweise unter der Federführung von Produkt Entwicklung und Produkt Management unter Gesichtspunkten von AAS zu innovieren. Die Einbindung der definierten *Smart Technologies* muss perfektioniert werden in Bezug auf mechanische Anbringung aber auch Stabilität hinsichtlich IT.

Einmal mehr macht sich eine saubere Erledigung der eigenen Hausaufgaben bezahlt, wenn nämlich in Phase 2 die *Smart Technologies* sauber definiert und eine valide Entscheidung hinsichtlich der Eigenproduktion aber der vollständigen oder teilweisen externen Beschaffung auf Basis von validen Zahlen, Daten und Fakten getroffen werden konnte.

Zahlen, Daten und Fakten sind auch erforderlich, wenn es um die Etablierung einer entsprechenden Projekt Intelligenz (Seebacher, 2021) geht. Dieses Wissen ist entscheidend, um frühzeitig relevante AAS Projekt Informationen für Ausschreibungen zu bekommen.

3.2.4   Phase 4: Profiting

Nach rund 20–24 Monaten kann man nunmehr mit der proaktiven Vermarktung im Bereich von AAS beginnen. Diese Vermarktung muss sich vor allem auf die Käufer der jeweils eigenen Maschinen und Anlagen fokussieren, da diese zeitnah über die für sie durch AAS Projekte resultierenden Vorteile in Kenntnis gesetzt werden müssen. Die Kompetenz die eigenen Produkte in Form von AAS Projekten im Markt platzieren zu können stellt einen enormen Wettbewerbsvorteil da und muss daher auch proaktiv vermarktet werden. Da sich natürlich auch AAS nicht den Grundprinzipien der Marktmechanismen entziehen kann, wird nämlich dieser strategische Wettbewerbsvorteil im Zeitverlauf abnehmen, wenn mehr und mehr Produzenten aber auch Käufer von Maschinen über AAS informiert sind.

In diesem Kontext ist es hilfreich als Teil eines datengetriebenen Managements mit prädiktiver Intelligenz nachhaltig vorausschauend die erreichbaren Märkte zu quantifizieren und durch *Predictive Profit Marketing* (Seebacher, 2020) als Teil eines modernen B2B Marketings zu erkennen, wo sich entsprechende Potenziale entwickeln. Dies muss in enger Abstimmung mit daten-getriebenem Innovationsmanagement erfolgen, um das eigene Produktprogramm im Kontext der Entwicklungen von AAS noch effizienter und effektiver weiter entwickeln zu können.

Im Verlauf der vier Phasen wird sich auch die eigene Belegschaft in Bezug auf deren Kompetenzen verändern, denn es wird sich ein Wandel in Richtung neue Kompetenzen vollziehen. Beunruhigen sollte Sie als Führungskraft jedenfalls, wenn sich dieser kompetenztechnische Veränderungsprozess nicht vollzieht, weil dann wesentliche Wissenslücken langfristig im Unternehmen ein Risiko darstellen.

► **Tipp** Der Weg hin zu AAS ist ein einschneidender Veränderungsprozess, weshalb auch die Mechanismen des Change-Managements proaktiv berücksichtigt werden müssen. Dies bedeutet zuallererst, dass seitens des Top Managements ein kompromissloses AAS Committment etabliert werden und vorhanden sein muss. Zudem muß in Bezug auf die Veränderungsbereitschaft die goldene 20-60-20 Regel beachtet werden. 20 % der Menschen sind offen für Veränderung. Im AAS Kernteam, das im Rahmen der Phase 1 aufgesetzt wird, sollten sich nur Vertreter dieser 20 % finden. 60 % der Menschen stehen Veränderungen neutral gegenüber. Diese müssen und können mit Zahlen, Daten und Fakten überzeugt werden. Im Rahmen der Phase 2 kann diese Gruppe mit ins Boot geholt werden. Dabei geht es um Wissenstransfer, Information und Aufklärung zu den enormen Chancen und Möglichkeiten durch AAS. Die verbleibenden 20 % sollten tunlichst nicht eingebunden werden, da diese Mitarbeiter ein Risiko für diesen Change-Management Prozess darstellen.

3.3   Was haben wir erreicht?

Wir haben in diesem Abschnitt einen groben Überblick über die relevanten Aktivitätenfelder gegeben, die man durchlaufen muss, um sich als Unternehmen fit für die *Abo-Ökonomie* zu machen. Die Darstellung unterstreicht, dass kontinuierliche Weiterentwicklung und Veränderung keine Raketenwissenschaften sind, sondern nur das Ergebnis harter Arbeit mit Konzept und Kompetenz, und Erfolg das Ergebnis vieler kleiner Schritte. Jeremy Rifkin hat es in seinem Buch „The New Green Deal" (2019) wunderbar auf den Punkt gebracht, dass nämlich in vielen Unternehmen mittlerweile die Führungskräfte Teil des Problems im Sinne der Resilienz gegenüber Veränderungen geworden sind. Somit ist es auch im Kontext von AAS entscheidend, sich des dramatischen Veränderungsprozesses bewusst zu werden und zu sein. Nur wenn die inhaltlichen und technologischen Veränderungen eng einhergehen mit intensiver und strukturierter Marketing- und Kommunikationsarbeit kann der Weg hin zu AAS erfolgreich und stringent gemeistert werden.

Weiterführende Literatur

Rifkin, J. (2019). *The new green deal: Why the fossil fuel civilization will collapse by 2028, and the bold economic plan to save life on earth.* St. Martin's.

Seebacher, U. (2020a). *Praxishandbuch B2B Marketing – Neueste Konzepte, Strategien und Technologien sowie praxiserprobte Vorgehensmodelle – mit 11 Fallstudien.* Springer.

Seebacher, U. (2020b). *Template-based Management – Ein Leitfaden für eine effiziente und wirkungsvolle berufliche Praxis.* AQPS Inc.

Seebacher, U. (2021). *Predictive Intelligence für Manager: Der einfache Weg zur datengetriebenen Unternehmensführung – Mit Self-Assessment, Vorgehensmodell und Fallstudien.* Springer.

Seebacher, U., & Garritz, J. (2021). *Data-driven management: A primer for modern corporate decision making.* AQPS Inc.

Das AAS-Self-Assessment

4

In diesem Kapitel wird das Testverfahren beschrieben und dargestellt, anhand dessen ermittelt werden kann, wo das eigene Unternehmen in Bezug auf AAS steht. Dieses Self-Assessment basiert auf dem zuvor beschriebenen AAS Reifegrad-Modell und bildet alle erforderlichen Dimensionen ab. Das Testverfahren steht zudem unter www.uweseebacher.org/tools direkt und kostenfrei zur Verfügung.

Wenn nicht nur eine Person aus einer Organisation das Assessment für eine betreffende Organisation ausfüllt, so kann man anhand einer Abweichungsanalyse auch das generierte Ergebnis validieren. Bei geringer Abweichung der jeweils generierten Werte kann man von einer hohen Validität ausgehen, wohingegen mit zunehmender Divergenz der Antworten der verschiedenen Antwortenden die Aussagekraft der Ergebnisse abnimmt und hinterfragt werden sollte.

4.1 Die Dimensionen des AAS-Assessments

Das Testverfahren ist anhand von vier Dimensionen strukturiert. Diese sind in Anlehnung an Seebacher (2003) Strategie, Prozesse, Human Resources und Informationstechnologie. Für jede Dimension kann anhand weniger Fragen der aktuelle Status in Bezug auf den organisationalen Reifegrad im Kontext von AAS ermittelt und dadurch eine gute transparente Ausgangsposition für die zu initiierenden Maßnahmen geschaffen werden.

4.1.1 Strategie

Die folgenden zehn Fragen (Tab. 4.1) müssen in Bezug auf den Status zur strategischen *AAS Readiness* beantwortet und ausgewertet werden. Je mehr Punkte der

© Der/die Autor(en), exklusiv lizenziert durch Springer Fachmedien Wiesbaden GmbH, ein Teil von Springer Nature 2021
U. Seebacher, *Assets-as-Service,* essentials,
https://doi.org/10.1007/978-3-658-34682-9_4

Tab. 4.1 Fragen zu Strategie

Nr	Frage	Antwortmöglichkeiten						
		Weiß ich nicht	Stimme gar nicht zu	Stimme eher nicht zu	Weder noch	Stimme eher zu	Stimme voll zu	Pkt
1	In unserem Unternehmen herrscht ein einheitliches Verständnis von AAS	0	1	2	3	4	5	
2	In Gesprächen kommt es oft zu Begriffsverwechslungen von Leasing, Miete, Mietkauf, PaaS, EaaS, SaaS, etc.	0	1	2	3	4	5	
3	Seitens des Top Managements wird das Thema bereits aktiv im Unternehmen kommuniziert	0	1	2	3	4	5	
4	Das Unternehmen ist bereits im Bereich von AAS aktiv tätig	0	1	2	3	4	5	
5	Das Unternehmen steht für Nachhaltigkeit	0	1	2	3	4	5	
6	Das Unternehmen setzt auf Circular Economy	0	1	2	3	4	5	
7	AAS ist bereits ein Teil der Nachhaltigkeitsstrategie des Unternehmens	0	1	2	3	4	5	
8	Im Unternehmen herrscht ein Verständnis über die Vor- und Nachteile von AAS	0	1	2	3	4	5	

(Fortsetzung)

Tab. 4.1 (Fortsetzung)

Nr	Frage	Antwortmöglichkeiten						
		Weiß ich nicht	Stimme gar nicht zu	Stimme eher nicht zu	Weder noch	Stimme eher zu	Stimme voll zu	Pkt
9	AAS ist Bestandteil der Unternehmensstrategie	0	1	2	3	4	5	
10	Der Einsatz von AAS unterstützt die Differenzierung vom Wettbewerb	0	1	2	3	4	5	

Gesamtpunkteanzahl von 50 der möglichen Punkte erreicht werden, umso vorteilhafter ist der aktuelle Status der untersuchten Organisation in Bezug auf den Start der AAS Aktivitäten. Je geringer die Punkteanzahl ist, umso mehr muss auf Ebene der Unternehmensführung vorab an Bewusstseinsbildung und Kompetenzentwicklung passieren. Andernfalls läuft man Gefahr am fehlenden Commitment des Managements zu scheitern. In diesem Fall wäre es empfehlenswert, einen externen Wissenschafter als Experten ins Boot zu holen, um im Rahmen eines Impuls-Workshops das entsprechende Setting zu schaffen.

4.1.2 Prozesse

Die nachfolgenden Fragen (Tab. 4.2) müssen in Bezug auf den Status zur AAS Readiness hinsichtlich Abläufe und Produkte beantwortet und ausgewertet werden. Je mehr Punkte der Gesamtpunkteanzahl von 50 der möglichen Punkte erreicht werden, umso vorteilhafter ist die Ausgangsposition. Im Kontext der Produkte sind wichtige Indikatoren vor allem die Aktivitäten der Abteilungen Forschung und Entwicklung, Produkt Management aber auch Innovationsmanagement. Anhand der verschiedenen Projekte kann sehr rasch ein Überblick über den Fokus der verschiedenen Teams gewonnen werden. Wenn der Großteil der Aktivitäten sich noch um die klassische Automatisierung und um Themen der konventionellen Mechatronik dreht, dann ist offensichtlich dieses Thema noch nicht in diesen Abteilungen angekommen und signifikant unter repräsentiert. Erfahrungen haben allerdings gezeigt, dass sehr viele Scheinprojekte unter dem Deckmantel Industrie 4.0 in den Teams auf der Agenda stehen. Allerdings

Tab. 4.2 Fragen zu Prozesse

Nr	Frage	Antwortmöglichkeiten						
		Weiß ich nicht	Stimme gar nicht zu	Stimme eher nicht zu	Weder noch	Stimme eher zu	Stimme voll zu	Pkt
1	Durch den Einsatz von AAS werden die Wartungsarbeiten an den Maschinen verringert	0	1	2	3	4	5	
2	Der Einsatz von AAS verringert das Risiko für den Nutzer des AAS Gutes	0	1	2	3	4	5	
3	Alle Produkte des Unternehmens sind im Bereich Smart Technology so ausgestattet, dass diese heute bereits an einen E2E-TechStack sofort angebunden werden können	0	1	2	3	4	5	
4	Der Einsatz von AAS verlängert den Produktlebenszyklus der eigenen Produkte	0	1	2	3	4	5	
5	Der Einsatz von AAS führt zu einer effizienteren Nutzung der Maschinen	0	1	2	3	4	5	
6	Der Einsatz von AAS führt zu einem effizienteren Einsatz von Ersatzteilen	0	1	2	3	4	5	
7	Mehr als 50 % des gesamten F&E-Budgets wird für die Digitalisierung der Produkte verwendet	0	1	2	3	4	5	

(Fortsetzung)

Tab. 4.2 (Fortsetzung)

Nr	Frage	Antwortmöglichkeiten						
		Weiß ich nicht	Stimme gar nicht zu	Stimme eher nicht zu	Weder noch	Stimme eher zu	Stimme voll zu	Pkt
8	Die Produkte wurden bereits in AAS Pilot Projekten eingesetzt	0	1	2	3	4	5	
9	Kunden haben bereits Anfragen zum Produktkauf mittels AAS bei uns angefragt	0	1	2	3	4	5	
10	Wir kennen bereits die relevanten AAS Anbieter und deren Technologien	0	1	2	3	4	5	

fehlt bei diesen Projekten oftmals ein klares Konzept und Vorgehensmodell mit klaren *Key Performance Indicators* (KPIs) als Teil einer definierten AAS Strategie, was wiederum häufig auf ein fehlendes Top Management Commitment zurückzuführen ist.

4.1.3 Human Resources

AAS verändert auch das kompetenztechnische Anforderungsprofil an Organisationen. Die in Tab. 4.3 angeführten Fragen ermöglichen die Ermittlung der AAS Readiness in Bezug auf die Belegschaft eines Unternehmens. Neue Themen erfordern neue Kompetenzen, weshalb auch das Personalmanagement einer Organisation diesen Change-Management Prozess aktiv begleiten muss. Dies muss sich an neuen Job Profilen, adaptierten Kompetenzprofilen und völlig neuartigen Leistungsindikatoren widerspiegeln.

4.1.4 Informationstechnologie

Diese vierte Dimension evaluiert den essentiellen Bereich der IT (Tab. 4.4), die langfristig über Erfolg oder Mißerfolg entscheiden wird. Im Zusammenspiel der

Tab. 4.3 Fragen zu Human Resources

Nr	Frage	Antwortmöglichkeiten						
		Weiß ich nicht	Stimme gar nicht zu	Stimme eher nicht zu	Weder noch	Stimme eher zu	Stimme voll zu	Pkt
1	Unsere Mitarbeiter haben ein umfassendes Verständnis zu IoT bzw. Industrie 4.0 und die sich damit stellenden Herausforderungen und Veränderungen	0	1	2	3	4	5	
2	Alle Mitarbeiter haben ein gemeinsames Verständnis zu AAS und können dies in der operativen Arbeit direkt anwenden	0	1	2	3	4	5	
3	Alle Mitarbeiter wurden zumindest einmal umfassend zu AAS trainiert bzw. geschult	0	1	2	3	4	5	
4	Alle relevanten Job Profile wurden im Kontext von AAS inhaltlich adaptiert und erweitert	0	1	2	3	4	5	
5	Alle Mitarbeiter haben AAS bezogene Leistungsindikatoren in ihren Zielvereinbarungen	0	1	2	3	4	5	
6	Proaktiv wurden und werden junge Kollegen aus AAS relevanten Disziplinen bereits ins Unternehmen geholt	0	1	2	3	4	5	

(Fortsetzung)

Tab. 4.3 (Fortsetzung)

Nr	Frage	Antwortmöglichkeiten						
		Weiß ich nicht	Stimme gar nicht zu	Stimme eher nicht zu	Weder noch	Stimme eher zu	Stimme voll zu	Pkt
7	Alteingesessene Mitarbeiter aus konventionellen Fachdisziplinen sind damit betraut, die AAS Maßnahmen umzusetzen	0	1	2	3	4	5	
8	Der technische Vertrieb wurde und wird speziell auf AAS trainiert	0	1	2	3	4	5	
9	Der technische Vertrieb wird proaktiv im Rahmen eines Change-Management Programms auf den Veränderungsprozess „Vom Blech zum Service" hin geschult	0	1	2	3	4	5	
10	Spezielle Incentives sind definiert und verankert, um AAS Projekte zu realisieren	0	1	2	3	4	5	

unternehmenseigenen IT-Strategie, der anlagenspezifischen Digitalisierungsstrategie aber auch jener der AAS Anbieter gilt es, nicht zu früh auf das falsche Pferd zu setzen und andererseits aber auch flexibel und für möglichst viele technischen Optionen offen zu bleiben.

4.2 Die Auswertung

Wir haben nun alle vier Dimensionen komplettiert. Durch Addieren der Punkteanzahl der verschiedenen Tabellen kann nun für jeden der vier Bereiche der jeweilige Reifegrad bzw. Wert ermittelt werden. In Tab. 4.5 können diese Werte

Tab. 4.4 Fragen zu Informationstechnologie

Nr	Frage	Antwortmöglichkeiten						
		Weiß ich nicht	Stimme gar nicht zu	Stimme eher nicht zu	Weder noch	Stimme eher zu	Stimme voll zu	Pkt
1	AAS ist bereits ein wesentlicher Bestandteil der IT-Strategie des Unternehmens	0	1	2	3	4	5	
2	Es wurden und werden bereits mehrere verschiedene Systeme im Kontext von IoT/E2E-TechStacks evaluiert und pilotiert	0	1	2	3	4	5	
3	Im Rahmen der Digitalisierung wurde bereits die Entscheidung für ein IoT/E2E-TechStack Produkt/System getroffen	0	1	2	3	4	5	
4	Smart Technologies werden im Unternehmen für alle Produkte hergestellt und verbaut	0	1	2	3	4	5	
5	Im Rahmen der IT-Strategie werden mehr als 30 % der Budgets für IoT/AAS Projekte bereitgestellt	0	1	2	3	4	5	

eingetragen und in Form von relationalen Index- bzw. Prozentwert übernommen werden. Das Auswertungsverfahren wurde bewusst einfach und praktisch gehalten, um ein rasches Durcharbeiten zu ermöglichen. Anhand der vier somit errechneten Indices kann erkannt werden, wo das größte Handlungspotenzial besteht, um mit den AAS Maßnahmen beginnen zu können. Die verschiedenen Werte können dann in der Spinnengrafik (Abb. 4.1) eingetragen und somit anschaulich dargestellt werden.

Tab. 4.5 Auswertungstabelle Index-Segmente

Tabelle	Tabellenname	Erreichte Tabellen-Punktezahl (T_E)	Maximal erreichbare Tabellenpunktezahl (T_M)	Ermittlung Indexwert (T_E/T_M)*100
4.1	Strategie	_____	50	_____/50 _____/100 %
4.2	Prozesse	_____	50	_____/50 _____/100 %
4.3	Human Resources	_____	50	_____/50 _____/100 %
4.4	Informationstechnologie	_____	25	_____/25 _____/100 %

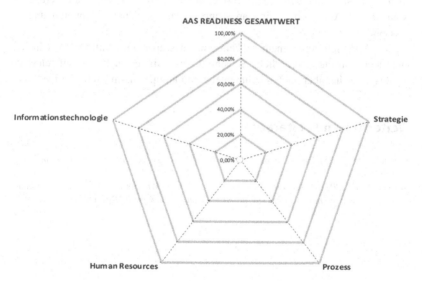

Abb. 4.1 Spinnenraster für das AAS-Self Assessment. (Quelle: Eigene Darstellung)

In weiterer Folge kann nunmehr ein AAS-Readiness-Score für das gesamte Unternehmen ermittelt werden, indem für die vier Dimensionen die erreichten Punkte aufaddiert und dann in Bezug zur absoluten Gesamtpunktezahl von 175 gesetzt werden. Dieser AAS Selbsttest kann aber auch laufend verwendet werden, um zum Beispiel auf Basis der realisierten AAS Maßnahmen ein halbjährliches

Assessment zur Evaluierung der Entwicklungen zu ermöglichen, im Sinne der Reflexion der eigenen Entwicklung. Wie bereits diskutiert, ist sicherlich auch die Einbindung der internen Kunden ein wichtiger Aspekt, um ein valides Bild der Situation in Bezug auf den Reifegrad zu AAS zu erhalten.

4.3   Wissen woran man ist

In diesem Abschnitt wurde der Kompass beschrieben, mit dem es möglich ist, von Beginn an den richtigen Weg einzuschlagen. Immer wieder wird das Thema der Daten-getriebenen Unternehmensführung (Seebacher 2021) und noch viel mehr das neue Feld der Predictive Intelligence unnötig mystifiziert. Wie immer im Leben, bedarf es des Blicks für das Große und Ganze aber auch der entsprechenden Basiskompetenzen. Das Testverfahren soll helfen, auch und gerade im Kontext von AAS von Beginn an stringent datengetrieben zu agieren und zu entscheiden.

Das AAS-Self-Assessment soll ein einfaches aber umso hilfreicheres Instrument sein, um die erforderliche Sensibilität zu vertiefen in Bezug auf relevante organisatorische, aber auch instrumentelle und kompetenz-theoretische Faktoren.

Weiterführende Literatur

Seebacher, U. (2003). *Cyber commerce reframing – The end of business process reengineering.* Springer.
Seebacher, U. (2021). *Datengetriebenes Management – Wie Sie die richtigen Grundlagen legen, bevor Sie mit Business Intelligence durchstarten können.* Springer.

Zusammenfassung und Ausblick

Im Rahmen dieses Buches wurde der Versuch unternommen, ein komplex erscheinendes Thema der modernen Management Praxis prägnant und pointiert auf den Punkt zu bringen. Es war das Ziel, dieses für Unternehmen überlebenswichtige Thema zu entmystifizieren. Albert Einstein hat gesagt:

> „Wenn du es nicht **einfach erklären** kannst, hast du es nicht gut genug verstanden!"

Dieser Prämisse folgend haben wir uns auf das Wesentliche konzentriert, um diesen Leitfaden für Assets-as-Service zu realisieren. Mittlerweile haben viele Praktiker mit diesem Leitfaden die ersten Schritte des Vorgehensmodells zu AAS in Richtung der neuen Normalität im Kontext des *New Green Deals* und einer *Remocal Economy* zur Überwindung des omni-präsenten Wachstumsparadoxon als Teil unser aller *Corporate* und *Individual Social Responsibility* sehr erfolgreich gemeistert. Wir können Sie an dieser Stelle nur ermutigen, sich dieser äußerst faszinierenden Herausforderung gemeinsam mit Ihren Teams zu stellen. Denn, wer heutzutage die Frage nach der Notwendigkeit von AAS stellt, geht offensichtlich nicht mit der Zeit und geht auch mit der Zeit.

Vor diesem Hintergrund wünschen wir Ihnen viel Erfolg auf der Reise in die *Abo-Ökonomie*. Der Erfolg ist wie immer das Ergebnis vieler kleiner Schritte und nur der frühe Vogel fängt den Wurm. Seien Sie mutig und seien Sie schnell, bleiben Sie dankbar und schauen Sie auf Ihre physische, aber auch mentale Gesundheit.

Was Sie aus diesem *essential* mitnehmen können

- Einen aktuellen Überblick über das dynamische Feld von AAS.
- Das Reifegradmodell, das Ihnen als Leitfaden und Nachschlagewerk für die Herausforderungen und Fragestellungen Ihres Alltags zur Seite stehen sollte.
- Ein einfach durchzuführendes, effektives AAS-Readiness-Assessment, mit dessen Hilfe Sie erkennen können, wo Sie mit Ihrer Organisation aktuell stehen und wo Sie ansetzen müssen.
- Die Erkenntnis, dass Sie als Manager und Führungskraft Ihre eigene Zukunft und die nachhaltige Positionierung Ihrer Organisation aktiv gestalten müssen.
- Die Notwendigkeit, nicht mehr alles um jeden Preis besitzen zu müssen.
- Die Erkenntnis, das AAS keine Bedrohung, sondern eine enorme Chance darstellt für smarte Unternehmen.
- Daten als das neue Gold zu verstehen und dieses Bewusstsein auch im Management entsprechend zu etablieren.
- Eine E-Mail-Adresse, unter der Sie mich jederzeit erreichen können (info(a)uweseebacher.org).

© Der/die Herausgeber bzw. der/die Autor(en), exklusiv lizenziert durch
Springer Fachmedien Wiesbaden GmbH, ein Teil von Springer Nature 2021
U. Seebacher, *Assets-as-Service,* essentials,
https://doi.org/10.1007/978-3-658-34682-9

Zusätzliche Literatur

Artun, Ö., & Levin D. (2015). *Predictive marketing – Easy ways every marketer can use.* Wiley.

Bacon, A. (2020). Account-based marketing. In U. Seebacher (Hrsg.), *Praxishandbuch B2B Marketing.* Springer.

Barron, J. M., Berger, M. C., & Black, D. A. (1997). *Introduction to on-the-job training* (S. 1–3). Upjohn Institute for Employment Research.

Becker, G. S. (1993). *Human capital – A theoretical and empirical analysis with special reference to education* (3. Aufl.). University of Chicago Press.

Blondel, V. D., Guillaume, J.-L., Lambiotte, R., & Lefebvre, E. (2008). Fast unfolding of communities in large networks. *Journal of Statistical Mechanics: Theory and Experiment., 10*, P10008.

Borgelt, C., Klawonn, F., Kruse, R., & Nauck D. (2003). *Neuro-Fuzzy-Systeme – Von den Grundlagen künstlicher Neuronaler Netze zur Kopplung mit Fuzzy-Systemen.* Springer.

Branbandt, N. (2016). *Die Lösung der Leadership-Problematik – Entwicklung eines wirksamen und nachhaltigen Führungsmodells auf Grundlage der Erfahrungen der Management- und Leadership-Vordenker.* Academia Education.

Bruderer, H. (2018). Erfindung des Computers, Elektronenrechner, Entwicklungen in Deutschland, England und der Schweiz. In *Meilensteine der Rechentechnik* (2., völlig neu bearbeitete und stark erweiterte Aufl., Bd. 2). De Gruyter.

Brynjolfsson, E., & Collis, A. (2020). Der Wert der digitalen Wirtschaft. *Harvard Business Manager,* Heft 4/2020. 50–58.

Busol, M. (2019). *War for Talents: Erfolgsfaktoren im Kampf um die Besten.* Springer Gabler.

Bühner, R. (2005). *Personalmanagement* (3. Aufl.). Oldenbourg Verlag.

Chamoni, P., & Gluchowski, P. (2006). *Analytische Informationssysteme: Business Intelligence-Technologien und –Anwendungen* (3. Aufl.). Springer.

Christl, W. (2014). Kommerzielle digitale Überwachung im Alltag. PDF, auf: crackedlabs.org, November 2014, (S. 12).

Cummings, T. (2013). Everything you need to know about dynamic pricing. The Christian Science Monitor.

Dhar, V. (2013). Data science and prediction. *Communications of the ACM, 56*(12), 64.

Edmondson, A. C. (2018).*The Fearless Organization – Creating Psycho-logical Safety in the Workplace for Learning, Innovation and Growth.* Wiley.

© Der/die Herausgeber bzw. der/die Autor(en), exklusiv lizenziert durch 55
Springer Fachmedien Wiesbaden GmbH, ein Teil von Springer Nature 2021
U. Seebacher, *Assets-as-Service,* essentials,
https://doi.org/10.1007/978-3-658-34682-9

Ermer, B. (2020). Social Selling im B2B Marketing. In U. Seebacher (Hrsg.), *Praxishandbuch B2B Marketing*. Springer.

Escoufier et al. (1995). Preface. In: Data Science and its Application (englisch). Academic.

Ester, M., & Sander, J. (2000). *Knowledge Discovery in Databases. Techniken und Anwendungen*. Springer.

Fayyad, U. M., Piatetsky-Shapiro G., & Smyth, P. (1996). From data mining to knowledge discovery in databases. *AI Magazine, 17*(3), 37–54.

Felden, C., & Buder, J. (2012). Entscheidungsunterstützung in Netzgesellschaften. *Wirtschaftsinformatik, 1*, 17–32.

Forbes. (2013). A very short history of data science. Gil Press.

Freeform Dynamics Ltd. (2020). The road to becoming a data-driven business – Research report.

Frei, F., & Morriss, A. (2020). Entfesselt. Der Leitfaden des unentschuldigten Führens zur Befähigung aller um Sie herum. *Harvard Business Review*. Heft 6/2020. 53–57.

Frey, A., Trenz, M., & Veit, D. (2019). A service-dominant logic perspective on the roles of technology in service innovation: Uncovering four archetypes in the sharing economy. *Journal of Business Economics, 89*(8–9), 1149–1189. https://doi.org/10.1007/s11573-019-00948-z.

Gareth, J., Witten, D., Hastie, T., & Tibshirani, R. (2017). *An introduction to statistical learning with applications in R*. Springer.

Güpner, A. (2015). *Ich bin ein Star – Lasst mich hier rein! Das Karrierebuch für den perfekten Berufseinstieg*. USP International.

Halb, F., & Seebacher, U. (2020). Customer Experience und Touchpoint Management. In U. Seebacher (Hrsg.), *Praxishandbuch B2B Marketing*. Springer.

Han, J., & Kamber, M. (2001). Data mining: concepts and techniques (1. Aufl.). Morgan Kaufmann.

Harting, D. (1994). Wertschöpfung auf neuen Wegen. Beschaffung aktuell. 7.

Hildebrand, K., Gebauer, M., et al. (2018). *Daten- und Informationsqualität: Auf dem Weg zur Information Excellence*. Springer Vieweg.

Hinton, G., & Sejnowski, T. J. (Hrsg.). (1999). *Unsupervised learning: Foundations of neural computation*. MIT Press.

IIBA® International Institute of Business Analysis. (2017). BABOK® v3 – Leitfaden zur Business-Analyse BABOK® Guide 3.0 (3., erweiterte Aufl.). Verlag Dr. Götz Schmidt.

Iansiti, M., & Lakhani, K. R. (2017). Technology: The Truth About Blockchain. HBR.org, Januar/Februar 2017.

Kotler, P., et al. (2007). *Marketing-Management: Strategien für wertschaffendes Handeln* (12. Aufl.). Pearson Studium.

Kotler, P., Pfoertsch, W., & Sponholz, U. (2021). *H2H Marketing – The Genesis of Human-to-Human Marketing*. Springer.

Langley, P. (2011). The changing science of machine learning. *Machine Learning, 82*(3), 275–279.

Müller, A. C., & Guido, S. (2017). Einführung in Machine Learning mit Python: Praxiswissen Data Science. O´Reilly.

Müller, E. (19. Juli 2019). Die Netflix-Industrie. *Manage Magazin*, S. 95–97.

Nefiodow, L. (2014). *Der sechste Kondratieff: Die neue, lange Welle der Weltwirtschaft. Die langen Wellen der Konjunktur und ihre Basisinnovation* (7. Aufl.). Rhein-Sieg-Vlg Nefiodow.

Negovan, M. (2020). 365 Tage Marketing Turnaround. In U. Seebacher (Hrsg.), *Praxishandbuch B2B Marketing – Neueste Konzepte, Strategien und Technologien sowie praxiserprobte Vorgehensmodelle – mit 11 Fallstudien*. Springer Verlag.

Ng, A., & Soo, K. (2018). *Data Science – was ist das eigentlich?! Algorithmen des maschinellen Lernens verständlich erklärt*. Springer.

Peter, L. J., & Hull, R. (1972). *Das Peter-Prinzip oder die Hierarchie der Unfähigen*. Reinbek bei Hamburg.

Porter, M. E. (1986). *Wettbewerbsvorteile (Competitive Advantage). Spitzenleistungen erreichen und behaupten. Aus dem Englischen übers. von Angelika Jaeger*. Campus.

Reichert, R. (2014). *Big Data: Analysen zum digitalen Wandel von Wissen, Macht und Ökonomi* (S. 9). transcript.

Rifkin, J. (2019). *Der globale Green New Deal: Warum die fossil befeuerte Zivilisation um 2028 kollabiert – und ein kühner ökonomischer Plan das Leben auf der Erde retten kann*. Campus.

Scheer, P., & Kasper, H. (2011). *Leadership und soziale Kompetenz*. Linde.

Seebacher, U. (2020). *Praxishandbuch B2B Marketing – Neueste Konzepte, Strategien und Technologien sowie praxiserprobte Vorgehensmodelle – mit 11 Fallstudien*. Springer Verlag.

Seebacher, U. (2020). *Template-based Management – Ein Leitfaden für eine effiziente und wirkungsvolle berufliche Praxis*. AQPS Inc.

Seebacher, U. (1996). Evaluierung der Effizienz einer Qualitätszertifizierung am Beispiel des Finanzdienstleistungsbereiches. Dissertation an der Wirtschaftsuniversität Wien am Institut für Technologie und Produktionsmanagement, Wien.

Seebacher, U., & Güpner, A. (2010). *Strategic workforce management*. USP Publishing.

Seebacher, U., & Güpner, A. (2011). *Marketing resource management*. USP Publishing.

Seebacher, U., & Güpner, A. (2014). *Innovation durch strategisches Personalmanagement: Das "Made in Germany" sichern durch Workforce und Diversity Management*. USP International.

Shapiro, C., & Varian, H. R. (1998). *Information rule: A strategic guide to the network economy*. Harvard Business School Press.

Smola, A. (2008). *Introduction to machine learning*. Cambridge University Press.

Strohmeier, L. (2020). Central business intelligence. In U. Seebacher (Hrsg.), *Praxishandbuch B2B Marketing*. Springer.

Steinmetz, R., & Wehrle K. (2006). Peer-to-Peer-Networking & -Computing. Aktuelles Schlagwort. *Informatik Spektrum, 27*(1), 51–54.

Sturm, A., Opferbeck, I., & Gurt, J. (2011). *Organisationspsychologie*. VS Verlag.

Vollenweider, M. (2017). *Mind + machine – A decision model for optimizing and implementing analytics*. Wiley.

Weinländer, M. (2020). Corporate Influencing und Thought Leadership. In U. Seebacher (Hrsg.), *Praxishandbuch B2B Marketing*. Springer.

Wenger, S. (2020). Erfolgreiches Lead Management. In U. Seebacher (Hrsg.), *Praxishandbuch B2B Marketing*. Springer.

Wessel, K. F. (1998). *Humanontogenetik – Neue Überlegungen zu alten Fragen.* USP Publishing Kleine Verlag.

Wierse, A., & Riedel, T. (2017). Smart data analytics (englisch). De Gruyter.

Wiggins, R. (1992). Docking a truck: A genetic fuzzy approach. *AI Expert, 7*(5), 28–35.

Stichwortverzeichnis

© Der/die Herausgeber bzw. der/die Autor(en), exklusiv lizenziert durch
Springer Fachmedien Wiesbaden GmbH, ein Teil von Springer Nature 2021
U. Seebacher, *Assets-as-Service,* essentials,
https://doi.org/10.1007/978-3-658-34682-9

Printed in the United States
by Baker & Taylor Publisher Services